U0041630

母愛的傷
也有痊癒力量

說出台灣女兒們的心裡話，
讓母女關係可以有解！

南琦◎著

目錄

【推薦序】走過破壞、看懂傷害、學習愛 10
【開場】看懂傷害才有辦法愛 16
【前言】受過的傷也有痊癒的力量 22

第1部 當年的孩子有些苦澀 33

1 為何在母女關係中受苦？ 34
無法擺脫的命運，無法挑選的家人 37
無法不在乎的母女關係 40

2 母親「應該」是慈愛的嗎？ 44
血緣關係≠天然的愛 44
我們的故事也是你的故事 49

3 當無法靠近母親時 54
童年的不愉快回憶——無法滿足的需求 54
常說NO的母親 59

4 供需不平的愛，一切自己來 63
關係放一邊，自我擺中間：屬於我的叛逆 64
情緒獨立後，自己更自由 68

5 母親的傷害該如何止血？ 73
被體罰的自己，以後絕不打小孩：阿孺的故事 73
累積出走的能量：阿孺的圓夢計畫 80

6
若沒有母愛，該如何長大？ 85
家庭破碎，我該怎麼辦？ 85
我是自己長大的：健身房先生的故事 85
不去掌控、過度控制家人，而要祝福家人：黑皮的故事 91

第2部
走過苦澀的青春歲月 97

7
所謂的叛逆，其實是被傷害、誤解 98
叛逆的女兒，不被了解的青少年：小柔的故事 101

8
我不是你們想要的樣子 108
只能在夢裡的甜點店：小希的故事 110
我是小提琴家+滑雪選手：陳美的故事 114

9
不典型的力量 119
以孝順為名的傷：女人不該 man，男人不該娘 119
假兒子真女兒：長褲女的故事 120
這就是我的聲音：花美男的故事 124
性別議題，早晚要面對 127

10
沒有母愛還是可以學到愛 129
情緒是雙面刃，傷了母親又傷了孩子 129
失控的母親，失落的親情：小芷的故事 132

11
都是為你好：社會期待的破壞力 138
堅持自己，拒絕相親：女醫師畫家的故事 140
「你開心就好」是真的嗎？ 145

第3部 成年之後更多的理解，改變與關係重建 149

12 不良夫妻關係，母愛大扣分 150
抱怨老公的母親，無法盡的孝道 152
父母的樣子，自己的影子 157

13 擺脫中產階級的家庭包袱 162
丟開家暴的包袱：背包小姐的故事 163
簡單的愛與社會地位無關 169

14 擺脫傳統倫理的枷鎖 173
挑戰舊有的「應該」，重新思考 174
女人的折損，女人的心理病 175
跨越禁忌，邁向現代新女性 182

15
擺脫角色的束縛 184
擺脫角色的義務與責任 187
主婦的強迫症，唯有看清才能解脫 190
16
和解是可能的嗎？ 194
女人不一定要嫁掉：小敏的故事 195
只要讓步就沒有衝突 199
17
如何向關係喊卡 203
設下停損點，停止被剝削與踩踏 203
不能說的秘密：高教授的故事 204
情緒的苦，身體最知道 207

第4部 當自己也成為母親。母親的老後與老女兒 213

18 老女兒的舊傷痛，漫長的療癒過程 214

還好沒有遺憾：帶母親去旅行 218

19 新的親密關係：在過去中學到的事 224

與其他家人的關係 224

從母女關係到婆媳關係 228

想成為不一樣的母親 230

20 不讓自己活在遺憾裡 236

表達需要，不拐彎抹角 236

理直氣壯的付出與爭取 240

21 不複製破壞性關係 245
母親的夫妻關係 247
努力不要成為過去的妻子與母親：小柔的續集 249
22 如果愛可以重來 254
陌生的媽，陌生的愛 256
用耐心化解對立 259
23 女兒們的故事未完，待續 264
未來仍要繼續 265
關係界線進可攻、退可守 269
【後記】不容小覷的關係 276
被點燃的母女地雷 276
大病之後選擇放下 279

【推薦序】

走過破壞、看懂傷害、學習愛

黃惠萱／臨床心理師、《愛媽媽，為什麼這麼難？》作者

「心理師，妳會不會覺得我很好笑，到了這個年紀還在爲了這些小事痛苦？」、「其他正常人都是怎麼面對這些事啊？像心理師妳呀！妳是怎麼做的呢？」這類的問題我在晤談室裡常聽到。深陷痛苦的人總是感到自己非常孤單，想像別人（特別是坐在一旁表情平靜的我）跟自己不一樣；他們認爲心理師應該有神奇的力量，默默在心裡嫉妒我可以倖免於這些凡俗的痛苦。

人們常需要理想化自己的照顧者。就好比年幼時的我們會想要相信父母是完美的，如此一來才會感到安全；又像當我們踏進治療室、邁向辛苦的療癒之路時，孤獨而脆弱的狀態也讓我們需要理想化自己的心理師，好像這麼做才能保證自己可以從創

傷中復原。然而，唯有漸漸走出幽暗的人，回想起來才會眞的明白，從理想到幻滅的過程是心靈健康的必經道路，不論是對父母，或是治療師。

在晤談室裡，求助者帶來的故事與難題才是焦點，所以心理師只有在必要的時候，才會部分的自我袒露，於是在一般人的心裡，我們是披著神祕面紗的「魔術師」。本書的作者是擅長描述故事的說書人，也是位勇敢揭開迷霧的心理師，她娓娓道來許多受苦於母女關係的故事，同時剖開自己的心，將個人爬梳療傷的過程書寫下來，讓讀者一窺心理師如凡人一般的苦楚與頓悟。

即使同為心理師，我也很難有機會看見另一個助人者以赤誠袒露的姿態分享自己的內在經驗。如作者在書中一開始所說，她原本沒想過將自己在母女關係的療癒過程出版，而最後因著許多人的需要（我想也因著她自己的修復逐漸圓滿），決定將這些紀錄集結成書。

在晤談室裡我常陪伴那些帶傷長大的女兒，幫助她們消化成為妻子與母親後，和丈夫小孩相處時的內心糾結。一直到這幾年，自己成人妻爲人母，也深刻地經歷了這些複雜的心境。

懷第二胎時，我一直很擔心大寶的情緒和適應，很擔心讓孩子感受到媽媽被弟妹搶走的心情，因爲我自己是長女，也曾經非常嫉妒自己的手足；後來二寶出生，在小嬰兒的龐大身心需求之下，即使我非常努力，仍然無法時時兼顧大寶的需要，這對我來說是很挫折的經驗，我不但要負擔雙寶媽媽的疲憊，還因爲讓大寶體會到和自己小時候一樣的感受而深深內疚。

陪兩寶入睡永遠是讓人頭痛的事。當時兩歲多的大寶還捨不得和我分房睡，但是看著我側身餵小寶寶母奶，她總感到很寂寞；有一次她直要我轉過身來看著她，不要背對她，但是如果我面對她，在喝母奶的小寶必定夾在我們中間，大寶還是會傷心。在我與她爸爸的軟硬兼施下，她安靜地在旁邊等我哄小寶入睡。

等到我可以回過身陪她入睡時，她反而退到床邊不讓我親近；當下錯愕、疲累、生氣、委屈……等感受，全都浮上我心頭。回想起來，我當時沒有大發脾氣，都要歸功於多年來我被治療的經驗（是的，你沒看錯，心理師也需要自己的心理師），對於自己的議題我已有多次的覺察與處理，但痛苦終究是痛苦呀！

我對大寶說了一串話，最重要的一句是：「你是不是怕媽媽只愛妹妹不愛妳？」大寶聽完就大哭撲到我懷裡，於是我緊急召來爸爸抱走睡著的二寶，我則好好的抱著大女兒，聽著她用自己的語言跟我傾訴她的害怕，陪著她哭完，再心無罣礙的入睡。那一刻，我爲自己流下眼淚，「我當時一定也很想要媽媽這樣抱我吧！」而我終於成了可以給女兒擁抱的母親。

如果說心理師眞的有什麼比一般人厲害，不是因爲我們不會經歷母女關係裡面的各種掙扎，不是因爲我們超凡脫俗，不是因爲我們有魔法神力，不是因爲我們心靈比較進化完美。要說眞的有那麼一點點差別的話，就像心理治療大師歐文．亞隆（Irvin D. Yalom）說的，「助人者最需要的人格特質是願意持續內省，我們願意養成不斷覺察的習慣，勇於接受不完美，將這些技巧和經驗帶到專業工作上，我們幫助來晤談的求助者接受人生的不完美，從愛的破壞力裡倖存，活出自己的樣子。」

也許你沒有自己的心理師，但是看著一個專業心理師，坦然接納自己生命中母女關係裡的傷痛與破壞，看她裸露直白地道出人生中許多不完美和遺憾，看著她在療癒自己的過程中活出自己想要的樣貌，你會想到自己的經驗，你會覺得自己其實不孤單，你會發現原來還可以這樣想，你會知道你可以活得更自由。不管是出於對母女議題的關注，或是對心理師的生活感到好奇，相信這本書都可能讓你得償所願，收穫滿滿。

打破母女關係的刻板公式，迎向自己新關係的未來進行式！

這是屬於台灣女兒們的受傷心事，

從社會氛圍中省思、產生思維，尋找屬於我們的痊癒力量！

【開場】

看懂傷害才有辦法愛

本書的緣起

這是我第一本足足寫了六年多的書，從得知母親癌末開始，便一點一點整理自己心情、直到現在還在進行的療癒書。

一開始無意出版，因爲我不確定這樣的私領域讀者會有興趣，直到開始與周遭朋友一點一滴的分享，朋友，甚至不認識的朋友的朋友反應出乎我意料的熱烈，紛紛很主動表示想跟我傾訴自己的母女關係故事，我才發現這樣的女兒竟然那麼多。

我們的分享不是爲了指責母親，不是用來內疚，而是想回顧這段關係究竟是怎麼回事，我們和自己的母親都沒有做錯什麼，只是我們無法彼此相愛。

母親用她的方式守護這個家，也用她的方式照顧我，我想靠近她，只是我沒辦法。小時候的我不懂自己爲什麼這樣被對待，我要不到答案，只能用憤怒、冷漠、特立獨行來表達，後來漸漸理解了一些事，也理解母親有自己的苦與問題，但過去累積的挫折、傷心與對母愛的絕望感已經存在，我有辦法消化嗎？這會對我與自己的家庭產生什麼影響？

念心理學的動機曾經以爲「只是」對人的問題感興趣，這不就和許多人對心理學感興趣的理由一樣嗎？但我無法解釋這個「只是」，居然讓我願意克服過去數學理化都不及格的障礙，硬著頭皮修完所謂「高等統計學」（天知道我連低等統計學也學不會……），花了足足八年的時間，在高手如雲的學術領域中低空飛過，然後又在臨床領域中硬是生存了下來，讓原來文科背景的我吃足了苦頭。

若不是背後有強大的動機驅使，我就無法咬著心理學不放。那麼我一定在心理學中找到了什麼，或者用心理學來服務他人，一定也得到了什麼，這些加起來就足以讓我十分感恩與喜樂的做著臨床心理師的工作。

而這幾年來也因爲對母女、親子議題的敏感度打開了我的關係接收器，我對「原生家庭」的種種，格外感興趣也格外敏感，在實務工作中這也讓我受益良多，從每個個案身上看到、學到許多。有時候個案來求助的是一段感情的問題，或是現在工作的困境，看似跟原生家庭父母無關，但我不放棄對個案家庭內的探索，在小心地帶領之下，聊著聊著，隨著談話內容的深入與袒露，個案開始覺察到自己對感情的不安全感是從小時候的經驗得來的；對主管的反應過度，對權威角色的厭惡反感，其實是源於對權威父母的反抗；更有甚者，無法走出過去遭性侵害的陰影，並非因爲加害人本身，而是拒絕伸出援手並反過來指責個案的父母。

任何症狀都其來有自，只是有的可以用言語表達，有的不行，那些無法表達、說不出口的苦，說不定會隨著時間進展漸漸浮現，我們需要一個可以好好沉澱觀看的機會。太多人對於過去經驗的影響視而不見，以爲過去的就過去了，未來要向前看。話說得漂亮，但未來並無法擺脫過去的影響，你無法把人生切斷，重新來過。唯有把過去看懂，回顧一遍，而且要帶著現在的成熟與智慧，然後才能有所領悟，往下好好活。

本書的特色

這本書是我與我的朋友們、個案們的療癒筆記，以人生發展的歷程作爲縱貫，從童年到青少年、成年、老後，每個階段都會面臨關係議題，與母親的關係也有不同狀態的影響，而身處不同階段的我們亦有不同的困境，我期待各種年紀的讀者都有屬於自己年紀所能想到最好的因應方式，當然我也盡力從許多故事中提供給大家不同的思考。

這些年來在出版市場萎縮的情況下，「母愛傷害」議題能夠一枝獨秀，成爲大眾心理學的顯學之一，必定是許多人心有所感，傷害的感受是眞實的存在，期待從閱讀中得到撫慰。

有些書將母愛傷害或母親類型分類，但對於女兒們該如何療傷、照顧自己，再化為改變行動，則較少論述。我不願將母親貼上標籤，因為分為A類之後，就排除了B類的可能。這不是診斷，母親不該被歸類，母親是最複雜的工作、最多責任的角色，必須被放在所處的家庭脈絡中去理解——今天怎麼會成為這樣的母親，就像我們為什麼會成為怨懟母親的女兒。

有些書的背後是帶著「要修復母女關係」、「要把愛找回來」的信念，並且把期待加諸在讀者，也就是你、當事人的身上。然而這也不是我在這本書裡想做的事。一份關係是雙方得互動、經營的，如果妳已經努力過，妳真的努力過而且已經遍體麟傷，那麼要妳再努力、不要放棄就顯得殘忍。

我因為看懂自己與母親的關係而心疼女兒們，與其抓住一份妳不能掌握的關係，不如好好認清這樣的困境，不抱無謂的期待，好好照顧自己。

- **請專注在對「關係」二字的再定義，它需要妳重新給予養分。**
- **不是只有母愛才是愛。**
- **就算沒有母愛，妳還擁有其他的愛。**
- **放棄也不是壞事，不再努力就是放過自己。**

關於母愛議題，翻譯書籍最大的限制是文化的不同，也許美國的母愛傷害類型多與自戀、自我中心的母親有關，但台灣的母親太不夠愛自己，在許多複雜的因素下，傳統不快樂母親的樣貌出奇類似，被迫犧牲、重男輕女的氛圍、被要求許多的本分與責任，然後她們的女兒深受其害，也不知不覺開始複製……。

我急切的想提供本土母親的樣貌，急切地想說些故事，讓女兒們了解這種社會複製的破壞性影響。妳可以好好省思，然後喊卡，至少不要成爲妳所不想的母親，眞正的站起來，成爲一個完整的人。

【前言】

受過的傷也有痊癒的力量

如果有人對「天下無不是的父母」這種想法執著，那麼我不是寫給這些人看的，這些人的想法我無力翻轉，我想做的是協助被這些在僵化思考下產生的失職父母，所波及到的孩子們，該如何療傷與重新站起來；還有就是提醒爲人父母者，我們很可能不是天生就適合做父母的，扮演好這角色的能力可不會平白從天上掉下來，是需要一輩子學習的。

在門診中看了許多父不父，母不母，子不子的故事，發現父慈子孝、兄友弟恭這件事絕對是理想境界，家門內有太多的不堪，甚至一家人不像家人，一家人不是家人，一家人不像人……，使得許多人都必須離家以求得解脫。

十多年不互相說話只傳紙條的夫妻，住隔沒兩條街卻老死不相往來的兄弟——

家，竟然是比火星還遠的距離。最無辜的是深受大人情緒糾葛影響的孩子，因爲他們不能挑選父母，所以不能阻止父母帶來的傷害。而我的主要任務，就是幫助這些人療傷，讓他們看見這一路走來的辛苦，然後找到新的力量活下去。

我最不能看的是虐童新聞，臉書上的朋友偶會轉寄「他正與死神搏鬥，需要你的祝福」、「請給這個無助的小孩一點力量」……等等的文章，然後要我按讚爲對方集氣，每每看了心中幹譙許久不能平復（激動，握拳）。

家，應該是心靈溫暖的靠岸啊，但這個「應該」，對許多人來說好難。每逢「過年」這個敏感時刻，前後兩周的治療case總是讓我最傷腦筋，因爲過年對許多人來說，意味著必須和家人綁在一起過日子，過得會比平常更糟。

♥ ♥ ♥ ♥ ♥

這個由家扶中心轉來的中輟生個案事蹟累累，不到十六歲、來自單親家庭的小女生，人生歷練已十分滄桑。她的精神委靡，頭髮散亂、泛著油光，顯示她並沒有受到家人該有的細心照顧，目前她最大的問題是常和媽媽吵架，兩人的關係是既依賴又衝突的病態互動。

她的母親沒有幫她準備三餐的習慣。她告訴我：「只要我出去，我媽可以一整天不出門……她都叫我買便當，只要我有事沒辦法買回去，她就可以不吃，還告訴我她不餓，真是氣死我了。」我好訝異，一個應該受媽媽照顧的小女生居然得幫媽媽張羅吃食。

她的媽媽比她更需要來精神科就診，可惜看得有一搭沒一搭，大部分的白日時間都在家躺床；她的情況則比媽媽好一些，至少願意安排自己的生活，有時去找朋友廝混。在數月前，她出院後恢復的情況還不錯，我想不出她目前不上學的理由，於是要她轉告媽媽需要跟所屬學校辦理復學，她說好，說自己也很想回學校啊，無奈老媽都說會幫她辦、她不必管，卻遲遲沒有任何動作。

這位糟糕的母親本身可能有憂鬱症狀卻拖拉不積極治療，這麼多年下來每日在家躺床，三餐依賴女兒，生活缺乏安排。這樣不行，我想，於是我發揮前所未有的積極主動打電話給那位母親，還刻意等到太陽下山、我快下班的時間才打去（因爲「太早」打的話，她還沒睡醒），要求她帶女兒去復學，結果這位媽媽回我：「我也很想讓她念書啊，但上次醫生說她還不能回學校……。」

「屁咧！」我心中這樣想，我才和主治醫師說過話，醫師十分支持我的想法。我馬上打給個案的社工，社工一接到電話，不用去查閱那堆積如山的檔案，就直接和我討論起來，顯然這個case已經處理到十分有經驗了。社工告訴我一堆有的沒有的內幕，包括這位媽媽如何「善用」社福資源，從要求金錢補助到修理家中天花板，簡直無所不要，彷彿這個社會欠她一個人生、需要照顧她一輩子，但對於她該盡的義務，包括提醒她身爲母親應盡的義務呢？抱歉，這位媽媽會發火，把氣出在社工身上，因爲她已經那麼可憐了。

到底是想繼續把女兒當成病人鎖在家裡，還是擔心女兒自立後她失去依靠？

其實不管是社區社工、醫療社工，甚至學校的社工都有介入，我很訝異一堆社工很努力要改變些什麼，卻都無法改變這位媽媽，這個社會眞的不欠她什麼了。

我很努力的忍住怒氣，盡力的在每次晤談中協助這小女生自立，但背後那位媽媽總是在扯後腿，所以每次治療都談得很辛苦。有一次接到那媽媽的電話，說是下次治療時要和女兒一起來，有事情要和我談，我不想單獨見那母親，於是問她想談什麼，那媽媽開始抱怨：「女兒變得很『叛逆』，說要搬出去住，我不知道她爲什麼說要搬出去住，當然我是不反對啦，不過我想先跟你談一下。」

媽媽的抱怨卻是我治療的曙光——終於好不容易有所突破，小女生開始要劃清與媽媽的生活界限，按照自己的意思過日子，會比被媽媽一起拖下水好太多。我說我下次約的時間是上午九點，忍不住要戳她：「那你爬得起來嗎？」她回答得非常沒有現實感：「那我就只好整晚不睡覺！這樣一定可以。」結果正如預料，她根本爬不起來。

其實媽媽能不能來不是重點，就算來了也是無盡的抱怨，不會有絲毫的覺醒之心。她只是眼看女兒要離開而感到不安，她再也沒人可以操控了，心裡慌得緊，需要找人訴苦一下。

佔盡社會福利的便宜，只想享受不願意盡義務，覺得自己也是病人所以理應得到照顧，既然那母親這麼自絕於他人，我決定不想再浪費自己的善心，決定將這份力氣拿來做更多的事。

很多情況下孩子破壞性的情緒或行爲表現是結果而不是個性，但許多大人都誤以爲是小孩本身的個性使然，把自己造成的部分推得一乾二淨。

例如「叛逆」，這是指責小孩最好的武器，只要對著青春期的小孩說叛逆，貼上叛逆的標籤，那就什麼都合理了：不聽自己的話→叛逆，交了奇怪的朋友→叛逆，開始翹家翹課→叛逆加三級。

一個常年貶抑先生、在孩子面前說先生「沒用」的母親，爲了女兒的問題頭疼不已。她把女兒帶來，向我們控訴女兒難以管教、叛逆、說謊、頂撞父母，說什麼自己沒病媽媽才有病（孩子看得比大人還清楚），細問這位媽媽之下更發現，女兒已經多年不叫爸爸而直呼其名，亦常說「恨爸爸、不想有這個爸爸、爸爸長得很醜……」等語，所以孩子叛逆難道不是大人所造的業？父不父、母不母，父母親沒有承擔起各自該負責的角色；夫不夫、妻不妻，彼此無法處理夫妻衝突，又在孩子面前更加凸顯，讓孩子看出大人的無能與虛偽。

♥ ♥ ♥ ♥ ♥

如果一個母親的行事想法都如此，會教養出怎樣的孩子，而這樣的孩子有沒有辦法健全的長大，她快樂嗎？她日後會渴望有屬於自己的親密關係，還是恐懼得不知如何是好？她要花多少時間擺脫過去重新開始？如果她有孩子的話，趕得及在孩子長大前給她一個自己不曾有的快樂童年嗎？

我很慶幸自己來得及。因爲我的母親不輕易讚美，所以我很努力欣賞小孩的好並隨時很用力的讚美她們；因爲我的母親不輕易與子女擁抱，所以我每日都必給小孩大大的擁抱並加上嘴對嘴親親，有時出門前還要來這麼一下，搞得身邊的家人看不下去說：「你們到底纏綿好了沒？要不要這麼十八相送？」

我無法責怪我母親，因爲她在傳統大家庭中揹負著長女包袱下長大，沒有人給她滿足的關愛，所以她提供了功能性的物質滿足女兒後，就沒有多餘的愛可以給了。

那麼，上述與另一半有許多愛恨情仇、情緒激烈而破壞的母親們，如何帶給小孩正向的夫妻相處經驗？小孩只看到爸媽互相叫囂，只差沒打打殺殺，然後爸媽再聲稱沒事、他們只是在講事情，或者再把自己行爲合理化，或者假裝理性分析說「以後要愼選對象」這些屁話，也是白搭。孩子沒學到親密關係的竅門，倒是看到了大人的言行不一、虛僞、互相傷害。孩子無法選邊站，無所適從。

我常常在門診看到陪病患來看診的家人比病人更像病人，但這個家屬不覺得自己比病人更需要就醫，看到旁邊倒楣的孩子成為家中情緒的犧牲者，也只能徒呼奈何。

所以這篇的警世眞言是——

1. 對身為家長的你：別以爲做了父母就會當父母，就一定不會給孩子帶來傷害。父母是一輩子的功課。爸爸說的不是聖旨，更不一定通通是對的，所以子女不一定要全盤接受，你只能表達自己的意見，不能左右子女的人生；當然更不能用「我都是爲你好」這樣的情感綁架孩子，這樣講全是爲了私心。

2. 對身為孩子的你：別以爲父母對你的傷害是應該，當你想到「這樣是不應該」時才是成長的開始。父母給的不用照單全收，你也有你的生命與選擇，你也需要飛。

小時候的你，也許無助，卻無法逃跑或不懂得離開；但長大之後，你更有力量為自己選擇更好的生活。逃跑或離開不是懦弱，而是對自己以及自己日後的生命負責。你絕不想複製自己的經驗到孩子身上，甚至帶著這樣的經驗繼續不快樂。

這過程也許很辛苦，因爲沒有前例可循，不知道如何做個好母親（父親）。別擔心，這反而是另一種自由，可以做自己想要的樣子而沒有任何包袱。

家人的愛與關懷不一定無私與不求回報，這是我自己與在治療室所經歷之種種的心得，也想讓一直是這樣想的人心生警惕。如果你要說愛有多偉大，我可以告訴你有更多的恨；也許你會反駁我，那是因爲我在工作場所看到的都是「特例」，因爲不ＯＫ所以才來求助，外面ＯＫ的更多啊！我希望你是對的，因爲這些年來做心理諮商或治療的人有增無減，速度多到令我擔心，每個受傷與不快樂的人的背後，追本溯源，幾乎都有個不快樂的家庭故事，我以爲我已經聽得夠多，多到對各種悲慘情節麻痺，但永遠有人挑戰我的忍耐度，逼我打開頻道，要我接收各種我無法想像的家庭故事。所以我鮮少看韓劇日劇鄉土劇，那些眾人所稱很精采的劇情，在我看來眞的只是小菜一碟，我的門診裡永遠有最精采的故事，雖然我並不期待。

我要告訴你，互相傷害或綑綁的家並不是家。家，需要你自己創造出獨特的樣子。

【第 1 部】

當年的孩子有些苦澀

1 為何在母女關係中受苦？

如果要我說世界上最遙遠的距離是什麼，我的答案不會是「你就在我旁邊卻不知道我愛你」（實際上也過了談情說愛的年紀），而會是「母女關係」！那是一種看起來很近，實際上卻有如馬里亞納海溝般無法跨越的距離；或者是說，你以爲很近，身上流著共同的血，卻是互相糾纏、控制，想擺脫卻無法擺脫的宿命，在外流浪、逃避，繞了大半圈，終究還是會繞回來面對。

對於「血緣」這件事，我始終覺得很諷刺。臨床工作多年，看到被傷害最深的正是那該死的血緣關係——因爲血緣，個案們無法逃走，只能一再被需索、傷害，但心底裡的孺慕之情又讓個案們無法遠離，他們還在等那個加害者可能偶一爲之的慈愛，就能說服自己繼續在關係中留下來，等待下一次被摸摸頭的機會。很可惜，等到的多半是傷害。

至於母女關係，除了非得用血緣來綑綁，還有更強烈的倫理與道德。

有個二十歲的女兒，爲著逃離母親而從住了七年的國外回來，人雖回來了遠離壓力，焦慮卻愈來愈強。單親家庭的她除了母親，還有母親背後的娘家資源，雖然母親不OK，娘家親人卻非常和善與關心，於是她回國後就暫與外婆同住。

日子隨著年底的接近，她在治療室中焦慮的問我，「要過年了，好煩，要怎麼和她們過年？要怎麼和回國過年的母親相處？」

人回來了，心卻無法自由，母女關係無法脫離，不是登報就能作廢，想躲也無法徹底躲掉，唯有硬著頭皮面對，在治療室裡與心理師找出解決之道。

她的壓力有些來自於周遭親人的勸說與責難，正是許多不相干外人自以爲的倫理道德尺度：「再怎麼樣，她，都是你媽！」（所以就算是傷害也可以嗎？）「都是一家人，有什麼結是不能解的？」（該怎麼解？這死結可是母親自己打上的！）「過年就是團聚的日子，有什麼事，等過完年再說。」（標準的親情勒索！）。

她是個無法解釋的啞吧，不管說什麼都無法為自己辯駁，母親娘家人對她的既定印象早已形成：這個叛逆的、不懂事的、交到壞朋友的女兒，可是得到大夥兒的包容呢，都是一家人，我們不也很關心妳嗎？

氾濫的親情，犧牲了她愛的權利，她身處在家族的關係中卻沒有愛的感受，只學會了應付親族的表面順從，試著當個不稱職的、沒有太多聲音的晚輩。

我每每聽到大嬸婆二叔公舅媽姨婆之類的建議，總是很火大：「你多懂家門內的情況，你有和我家人住在一起嗎？你所說的那個親人，你有多了解他？你們自稱從小看著長大的人，實際上也可能僅止於逢年過節寒暄的程度，而那個人長大後成為家長的樣貌，你們拿什麼來保證？」

從小，我老是被母親責備是個「六親不認」的人，因為我不會主動對來訪的親戚打招呼，嘴巴不甜不討人緣；現在的我心裡清楚，若我小時候沒這麼做，也是因爲父母與親族複雜衝突的緣故，並非我與生俱來的敵意與臭臉。

所以我能理解上述個案的苦，若非自己有感同身受的經驗，如何能夠那麼理解個案的痛？別想用長幼有序、那些「應該與必須」來綑綁、套牢我。治療中我也不斷提醒自己並反思，現在爲個案所做的，到底是不是個案想要的。

唯有直視自己過去的經驗，並用現在成熟的眼光來看、來撫慰自己，才有機會公平的看待自己，完成療傷的儀式。更重要的是，我得透過這樣的儀式來認清，自己想成爲怎樣的母親。

無法擺脫的命運，無法挑選的家人

二〇一一年母親去世前，我腦中就開始醞釀這題目，想寫母女關係題材的動機一天比一天強，即使因爲出版不甚景氣幾乎發誓封筆不寫了，然而腦袋的東西愈來愈滿、滿到幾乎要溢出。當時母親已經移至安寧病房，隨時會走，今生愛恨情仇即將畫下句點，我與她關係的總整理箭在弦上，非回顧不可。即使到現在，我生活中仍處處有與母親互動的影子。

那時彷彿是關係中「五胡亂華」的時代，動盪不安的狀態，我極想找個可以整理這些感受的機會。等到母親去世，舊朝代結束，我的內在革命才正要開始。

如果對關係的滿意分數從零到一百，那麼我與母親的關係肯定不及格，不是誰沒努力沒考好的緣故，而是很可能我與母親都跑錯教室、考錯科目，兩個緣分淺薄的人。

我的母女關係不和諧也不快樂，頂多就是相安無事、互不干涉，不住在一起比住在一起好。有些人跟我不一樣，也有些人跟我一樣，所以這本書想寫給跟我有相同感覺的「有些人」——那些現在受傷，或曾經受傷的小女兒與老女兒們。我們曾經努力試過想接近自己的母親，但卻一再受傷與失望，我們彼此的頻道永遠對不上，雷達的探測器永遠偵測不到她眞正想要的是什麼，永遠無法交集的兩條平行線。

這樣的書寫在社會觀感上，我應該很不孝、超不孝的，在母親已經不在的時候還在背後碎嘴，甚至公審自己的母親……。當然我不期待所有人可以理解，寫這個題材本來就不是爲了討好誰。在我仍停留在整理自己的心情時，壓根沒認爲這題材可以出版，只是在臉書上拋出想聽聽大家母女故事的邀請，竟受到周遭女兒們如土石流般的積極回應，紛紛私訊我，「採訪我吧！採訪我吧！我的母女故事超精采！」

原來，有這麼多的女兒想說；原來，我並不孤單。光是身邊朋友（還不論個案呢），就有那麼多共鳴，原來不是只有在精神科才會遇到不快樂的女兒。

永遠不信邪、鐵齒得要命的我，對那個無法擺脫、稱之爲「命運」的東西，是嗤之以鼻的。總相信過去經驗必定有可以擺脫的成分，否則怎能在助人場域中工作，怎麼去協助有情緒困境的人。

要擺脫之前得先經過淬煉，不管發生了什麼，我都相信人有自救與復原的力量，幾乎所有的心理學家都相信人有內在生成的改變力量，不管是榮格還是奧波特（Allport），那個稱之爲「自我」的東西，自會產生心理能量，找出最好的出路。

無法不在乎的母女關係

人的關係那麼多種，爲什麼偏偏要那麼在乎與母親的關係，即使身處天南地北，仍舊擺脫不了。

有時候我會問有這樣困境的女兒：妳媽早就不和妳住一起，妳一年也看不到妳媽幾次。或者，妳媽不早就去世好多年了？

這麼問通常會得到對方很空洞、茫然的眼神，當事人也說不清爲什麼。這些未處理完的情緒會持續發酵，在最脆弱的時刻變成症狀，影響自己的健康。

其實我自己也知道答案，那就是距離再遠，也無法不在乎。現在的女兒仍舊停留在過去那個渴望被注意的女兒，還在冀望過去的母親現在可以變得不同，還記得過去難過心痛的感覺（而且還在累積），並預期這樣的感覺會繼續——因爲，那個幼小的自己還在心裡，還在等著被理解、被撫慰與被關愛，如果這個期待沒有得到滿足，我們會一直等。

過分的等待是一種心理病，讓人無法長大。隨著年紀的增長，心智卻沒有跟著成熟，像個孩子一樣想被滿足。那是什麼情緒影響了健康？那不是純粹的恨，說「恨」太膚淺了，不如說那是混合了迷惑、不安、生氣和失望的情緒。

在治療狀態的我，必須給女兒們足夠多的時間，以宣洩她們未完的情緒，接著就必須殘忍的直說，「你媽只會愈來愈老，要改變，不可能了，那你還在等什麼？只有你自己，才能爲自己做點什麼啊。」

一個同時有兩個孩子的媽媽前來晤談，非常愛孩子的她，一直對於自己是否愛孩子而自我質疑，談了幾次之後，我很確定她眞的十分愛孩子，只是她不認爲自己有愛的能力，她認爲自己只是做了該做的事而已。

無法肯定自己的付出，是因爲當年自己沒有被愛的感覺，所以對於現在自己是否有愛孩子的能力十分懷疑。追根究柢，她的母親從小對身爲長女的她不假辭色（不約而同地，我訪談中遇上好多位長女，可憐的長女啊），她告訴我說：「小時候我一點都不敢找同學來家裡玩，我不想讓同學看到我媽的樣子，她不是那種會招待我同學的母親……。」

其實這樣的描述我聽得有點模糊，母親如何對待她的，她無法細細描述，深怕多說一些就有更多大逆不道的罪惡感，從來沒有跟母親一起玩、印象中沒有牽過母親的手的回憶，只能偷偷在治療室裡說上一點點。

她缺乏母性的典範，忙碌的母親在成長過程中是缺席的，原本該從母親身上學到的，現在一點參照標準都沒有，於是只好東學一點、西學一點，有模有樣的當起了兩個孩子的母親，但其實自己心虛得要命。

「我好怕變成她。當我生氣的時候，我很怕變成她的樣子。」

於是她不知道當孩子不乖該責備時，自己是否該生氣？生氣的反應是對的嗎？母親生氣是正常的嗎？怎樣的生氣是被允許的？

在當母親這件事情上她沒有自信，無法理直氣壯的教養孩子，只因爲太害怕重蹈覆轍。而我，只需要不斷的增強她的信心，讓她看到自己所開展的新的母女關係是如此美好，她是如此努力的母親，絕對不會跟過去一樣。

2 母親「應該」是慈愛的嗎？

爲什麼衝突的母女關係常常是所有關係中的原子彈，影響既大且深遠？除了我自己深刻體會之外，也包含坐在治療室中所得到的心得。

血緣關係≠天然的愛

關係不是理所當然，無法憑單方來努力，需要雙方都有心。關係不只是愛，也會有傷。

親子關係不一定是天生，父母不是天生的父母，不是所有的父母在當了父母之後，就可以自然而然有父母的樣子，投入並扮演好其角色的時間不一，有些父母終其一生都無法讓子女滿意；相對的，子女也非被動接受安排，子女的樣子也非父母期待的樣子。只因爲父母是始作俑者，所以記在父母的帳上多一些，這也是無可奈何的不公平。

很令人吃驚吧。看起來理所當然的東西，細想之後就不再那麼「應該」了：家庭應該要溫暖，父母應該關心子女，年長者應該有智慧，子女應該孝順……等等，理智分析之下會覺得不以爲然，實際上被這些「應該」情感所擺佈的人的確不少，懷抱期待的的下場，當然就是失望了。

如果你很幸運的擁有這些「應該」，絕對要感恩，有太多太多人不曾擁有過。期待父母眞眞實實的擁抱、親吻、撫摸臉頰、用手溫柔的梳理自己頭髮，才能眞實感受到父母的愛，但有些父母就是做不出這麼親密的動作，以爲滿足吃飽穿暖這些功能性目的，就必須得到子女的感激，也要求子女功能性的回報，例如該達成的課業與成就。

有得吃、有得喝只是不失職而已，那麼愛呢？

請別誤會我看輕物質溫飽的重要，有些經濟辛苦的父母竭盡所能，讓孩子有和別的孩子一樣的物質條件，這點，孩子一定可以從父母的汗水與疲憊感受到其中的愛。我指的是，有些父母不能夠愛、沒能力愛，或者是要求回報、稱斤論兩的愛。

「應該」是個危險的概念，如果你舉得出N個慈愛母親的例子，我就同樣舉得出N個不慈愛母親的例子：

把女兒當成對前夫洩憤對象的母親。（只因女兒長得太像爸爸）

從來不準備三餐忙著唱歌賭牌的母親。

經常拳腳相向，口不擇言不必任何理由的母親。

原來是慈愛盡責的母親，一聽到女兒是同志時，就把女兒趕出家門、連過年都不給回的母親。

更多更多無法想像，失能、失職、失控的母親……。

這些不是只在精神科看到，更多驚人的例子是來自於身邊朋友的故事、看似正常無風無浪的家庭。反省這些，不把「應該」當應該，我們這些身為子女以及未來的父母，才能戒慎恐懼地做好每一天的角色，同時對於自己的父親或母親是慈愛的，感到十分慶幸並珍惜。

從這些人的故事再往下挖掘，不再聚焦於各自的不幸，而是要尋求光源照亮陰影，甚至看見傷人的母親原來也是受傷的女兒啊。

我的母親和她自己的母親相比，已經是相當盡責的照顧孩子了，只是頑固的母親無法接近和她同樣頑固的女兒。阿嬤生了三男四女，母親是長女，從小就註定是個替代母親，砍柴、升火、燒飯，背上一定揹著一個襁褓中的弟妹（這些故事我都聽到耳朵長繭，同時還搭配怨懟的語氣），從我有記憶以來，我的阿嬤就已經不太搭理子女活在自己的世界裡了，世界裡也只容得下舅舅們。

記憶中的阿嬤幾乎沒有關心過女兒。我只短暫了和阿嬤相處過半年，那是她從中部北上要來常住舅舅家之間的過渡時期。她很好照顧，每天像個幽靈幾乎不說什麼話，但吃飯時間快到了會提醒我，她肚子餓了要吃飯，她的肚子跟時鐘一樣準，午飯時間都固定在十一點半。

每日的餐食都是我母親準備的，阿嬤很少肯定或感謝；但有一次因故讓我老弟為她盛了碗飯、夾了菜，那幾天阿嬤誇讚老弟的話語直讓我起雞皮疙瘩，「阿弟你眞乖、你好乖、好孝順、好棒……。」

孫子偶一為之的小幫忙，阿嬤竟然可以感激到有如天賜，較之她對每天細心準備餐食的女兒的冷漠態度，有如天差地別，對女兒輩的付出視為應該，兒子輩的舉手之勞則是天大的恩惠，我怎麼也想不透這兩者為什麼可以差這麼大！

我當了母親之後，開始慢慢了解母親對於她母親的心情，被要求，被忽略，但同時又受僵化禮教束縛，哀怨自己欠栽培，卻又複製了重男輕女的思維。我讓自己理解這一切——己所不欲，勿施於小孩。

我們的故事也是你的故事

除了自己與個案的故事，我也徵求身邊的母女故事，我想聽更多在治療室外芸芸眾生的愛恨情仇，這些心情不該消失、沒入，應該要有機會被整理、被看見，類似的經驗會有怎樣的傷，會有怎樣的力量。

這些故事中以我為主軸（畢竟是自己強烈想說的事，就容我老王賣瓜一番），並試圖收集其他人的故事，但又不希望都是門診個案的故事；我希望這些故事有某種均衡性，可以包容許多不同樣貌的母女關係。最方便的徵求管道就是臉書。臉書提供了距離安全又能自在說話的空間，對許多不曾見過面的臉友來說，在臉書說話可以很暢快，但要露臉說心情，就考驗我與臉友的交情與其個人的勇氣。雖然臉書上有許多是同業或學弟妹，但我這個人也愛結交各門各派，所以朋友的朋友也是不錯的選擇。我在二〇一三年十月於臉書貼出這樣的告示：

「徵求說自己母女故事的對象，鄙人需要採訪對象，沒有酬勞，只有劉老師的熱情擁抱，時間：愛講多久就講多久。出版後奉送書一本及作者簽名（要照片、親吻都可以），拜託大家囉！」

並稍稍陳述採訪重點在於母女關係的問題與省思，並如何找到改變的力量等等。結果許多臉書的夥伴用私訊聯絡我，表達他們非常想說的意願，而且願意在極快的時間配合我。我很訝異，這樣的題材能夠引起許多人內心的波濤洶湧，一旦被挑起了就不吐不快，也很感謝這些朋友的信任（因爲有些人我根本不熟），在適度的匿名與保護之下很珍惜的呈現這些故事。

稍後會介紹出場的阿孺小姐，她是我第一個受訪者，想說自己故事的動機很強烈，她非常的想說但還找不到所謂正當性理由：「我想搞清楚自己的定位……我很不了解自己的情緒……」這一切是否與她糾結的母女關係有大關聯？

我們只是臉書上打屁的朋友的朋友，連面都沒見過，但她一看到我貼出徵求故事的受訪者時，自告奮勇的第一個報名，因爲只想面訪不想電訪，我們在有些尷尬的情況下見了面，連客套話都來不及先寒暄，就滔滔說了兩個小時還欲罷不能，足以見得這記憶放在腦中最容易提取的位置，連搜尋都不必。其餘受訪者的狀況亦類似，不必帶領、不必客套，坐下來連第一口咖啡都來不及喝，就必須振筆疾書，毫不費力的就能夠聽她們侃侃而談。

這些人呈現的反應、背後可能的意義，給我足夠的理由找尋答案。直到母親離去，我仍不斷在省思：陳述和母親的關係，到底是爲了療傷而流於責難她，還是願意讓自己理解她，諒解她，靠近她，放下我多年來的糾結情緒？

我想，這些情緒若不釋放出來，就沒辦法發現其中的負向能量是如何干擾我的生活，雖不至像氣球「砰」的一聲炸開，但這裡面產生的有毒氣體可能在吞蝕我的健康，尤其在發現母親罹癌的那年，巧合的發現自己亦罹癌。

母親在二〇〇九年二月診斷出肺腺癌，我則在同年七月份自我檢查時摸到胸部硬塊，經檢查發現是乳癌，這絕對不是巧合二字可簡單解釋而已。從遠的來看，我想要檢視這些年來我與母親糾結關係的生活；從近的來看，則是生病這件事對我倆的考驗與意義。

我想試著「放下」嗎？我認爲這談不上什麼放下，既然要寫出來就沒有放下這件事，這境界也非我這個凡人能超脫。如何解開母女關係中的束縛以得到自由？我想要陳述自己母女關係的經驗與省思，並提供身邊一些人（個案、朋友等）的體會與經驗。

既然這題目醞釀那麼久，寫完後必然「獲得」了什麼？雖然我不太那麼確定，抽象的收穫恐怕要等書寫完後才漸漸地開朗，最起碼希望這樣衝突的母女關係到我爲止。更簡單而具體的期待是，即使母親已然不在，我不會在黑暗中偶爾感到害怕（害怕她責備我的魂魄出現），不再有心痛的感覺。

對一個念了八年學院派心理學、進而在醫療機構當臨床心理師的人來說，表面上冠冕堂皇的理由必定是幫助別人，但在那之前必定有些更內在的理由，那理由驅使自己朝向自省、內觀，並加以整理，藉由心理學找到某些解釋來幫助自己。

所以，讓我來說說故事吧，希望我及我們的故事可以讓你有體會與收穫。也感謝給我故事的人，沒有你們，我的書就無法這麼精采。

3 當無法靠近母親時

童年的不愉快回憶——無法滿足的需求

我的出生序，是心理學家眼中最倒楣的位置。

心理學家阿德勒認爲人在被家庭、社會所塑成之前，同時會有關於社會或生理條件上的弱勢，而人若是逐漸想辦法超越或克服，那麼就會朝向較健康的人格。而關於出生排行如何影響人的發展，則是阿德勒最爲人知的研究之一。

老大得到父母較多關注與期待，童年即擁有較多的照片，是比較符合社會期待成爲有成就的那個子女；至於老二（或夾在中間排行的孩子），則是屬於被忽略、唱反調的，想要用不同方式吸引父母注意，不走和老大相同領域；至於老么，常常是驕縱的子女、父母寵愛對象，也較容易朝向創造領域。

如果是在傳統保守的家庭中教養子女，的確很有可能成爲上述阿德勒所說的情況，阿德勒的論述讓我對自己身爲老二這個爛排行有了怪罪的藉口——對！家裡小孩中童年照片最少的就是我，即使裡面有我，旁邊一定站著姐姐或弟弟。獨照、甚至襁褓中的照片，我則從來沒發現過。

（×的，爲什麼要那麼準？）

說什麼手心手背都是肉，不如說人心是偏左偏歪的，怎麼都不會公平。

我在成長過程中的確受到最少的關愛，讓我覺得自己像個養女，長大偶爾拿出來抱怨一番時，母親或姐姐雖然想否認，但卻無法反駁我（別忘了好辯也是老二求生存的本事）。有一次翻閱舊照片時，我說，「看吧，就是我沒有獨照。」姊姊說，「哪有那麼誇張！」我說，「不然你找找啊，看能不能找到一張。」結果當然沒找到。

母親無法否認，姐姐和弟弟會有從外購得如同麗嬰房等級的新衣，而我只能接收姐姐的舊衣或者是過年時母親洋裁的衣服。

更傷人的是，年紀還小時有一次舅舅在我面前摟著姐姐，看著我說，「我最喜歡的就是姐姐！」這可能只是大人自以爲的玩笑，但我覺得一點都不好笑。

我很清楚這樣的小康家庭在得到一個長女之後，其實期待下一個是男孩，但結果還是個女孩。四年後我的弟弟終於出生，於是我夾在中間，經歷了許多老大與老么無法體會的苦澀。

年輕時的母親對我極缺耐心，希望我留一頭像洋娃娃般的美麗長髮，卻又對每日上學前的梳妝打理感到不耐，我最害怕的經驗就是在早上被吆喝「快一點」、「怎麼都梳不開」時，被抓扯著頭髮綁辮子，讓我日後對留長髮這件事一點都不想留戀。

不敢要玩具，不記得自己有過什麼洋娃娃（關於這點，其實和我很麻吉的老姊堅稱沒這回事，但又說不出我曾經有過什麼玩具，如果有，那一定是得一起玩的）。

這是身爲老二所認清的現實，每當考試考得好時，只聽到要父母發出「嗯」的讚同聲，似乎也就夠了。但這個假平衡狀態很快就被接下來的弟弟打破。大概是他低年級的時候，父親爲了鼓勵他的成績，主動表示「只要你考前N名我就買腳踏車給你」，結果根本還等不及成績出來，家裡客廳就擺著一輛亮眼的捷安特，擺明了不管是第幾名都會有禮物，這對大他四歲的二姊來說無疑是個重大的打擊。此外，三十多年前家用電腦還不普遍，磁碟槽還是用錄音帶式的卡匣時，家裡就有一台宏碁Dos系統的「小博士」，當然這些都不是給我的。

錢是父親花的，可是並沒有受到極度節儉母親的碎念，甚至還很喜孜孜的一起看著小屁孩老弟（他們捧在手心像珠寶一樣的孩子）在試玩。

父母並沒有明講這些都是老弟專屬而我不能碰，那是一種默契，因爲買給老弟玩是主要目的，我也就識趣加賭氣的碰也不想碰。爲什麼要碰？又沒說是買給我的。腳踏車也一樣，沒有禮物至少我有骨氣，所以我騎都不屑去騎。

還是小屁孩的老弟哪裡懂得什麼電腦，玩玩遊戲還差不多，順便滿足一下老爸偶爾想買昂貴奢侈品的欲望。

我得不起那樣昂貴的玩具，心裡羨慕著，當然也盤算自己得要什麼才容易要得到。時間記不清了，我只記得小學到國中時代曾要求父親買過幾次書，並不是我多喜歡書，而是我知道重視讀書的父親絕對不會拒絕我買書的請求。

第一次是小學三或四年級，我跟父親說想要一本動植物的百科全書，父親果然使命必達當天就買回來，一本有點薄、拿起來有些袖珍的《動植物常識》，我記得自己還蠻喜歡的，內容是當時覺得很有趣的類似冷知識的內容，另外多加了一本楊喚詩集《水果們的晚會》，我把書都讀爛、翻爛了。國中時課本收有琦君的文章，我因爲和她名字裡同樣都有「琦」字而覺得親切，讀了她的散文小品也喜歡，有一天在報紙上看到琦君出了新書《燈景舊情懷》，就把那一方報紙廣告剪下來拿給父親央求他買，於是第二天下班他就帶回來給我了。

新書耶，新書的味道好好聞，我很喜歡嗅聞新紙張的味道，總是喜歡在新書裡深呼吸，感覺細胞都舒服得張開了。

在書中建立出這樣的安全感，足夠我受用一輩子吧。日後我有許多機會埋首書堆，書帶給我的滿足感，父親帶給我的滿足感，是這樣眞實存在的記憶，即使電腦與書的金錢價值差那麼多，但確確實實是我的。但對於母親，我卻沒有這樣的記憶，那個常對我說No，很少會說Yes的母親。

常說NO的母親

母親很少對我說Yes，印象中多是「No、No、No」——看這個電視，不准；跟那個同學出去，不准；吃零食，不准；看漫畫，不准，通通不准……。但是所有不准我做的事情，我也並不乖巧順從，有時會偷偷來。

我不懂她爲何非得對我如此，她也認爲我是那個意見最多，最愛頂嘴，最桀傲不遜的小孩。

常說No的母親，自然會有不服氣的孩子。如果要用掌控來展現做母親的權威，那麼「愛」該用什麼方式展現？在晤談中我見到說No的母親時，總是會想跟她們說，如果對孩子說No沒有效，爲何還要繼續做？明明是無效的教養方式，爲何還要緊抓不放？

我人生中最早的滿足感危機，發生在小六即將展開的畢業旅行。

當時的畢旅是升國中補習班所贊助，有報名參加補習的人就可以免費參加畢旅。母親並沒有讓我補習，所以我也沒辦法去畢旅，但我可管不了那麼多，要好的同學都有去，我怎麼可以沒去？

小學畢業沒參加畢旅，根本就不完整，我會少掉很重要的一塊，可是她不管。記得當時畢旅是包車去東北角一日遊，我一大早就醒，估量著同學們正準備快快樂樂出發去玩，心中覺得委屈，便下定決心今天就是要哭給母親看。我知道母親的強悍，說也沒有用，所以只好用眼淚表達我的抗議，我坐在走廊地板上就是哭，無論母親跟我說什麼都不回應不理，到了中午其實有點累，那眼淚就帶著不爽的成分：「都是你害我哭得那麼累！」

過了中午十二點時母親終於受不了，賭氣似的說：「你想去就去好了！」我終於得到母親注意了，抗議終於得到回應。但，我要如何自己坐車去東北角？她的意思是讓我去、不表示要帶我去，這話說了等於沒說，而且等我趕過去時大家早就散了。我很生氣的回嘴一句：「現在去有什麼用？」母親不再說什麼，而我哭得更傷心了。

我認爲她不重視我的需求，畢業旅行對於我是多重要的意義，我不了解她到底是並沒有餘錢讓我去補習，或者是當時不覺得我該補習，還是，沒想要幫我補習，和老弟中低年級就補了珠心算與英文相比。

有一次我聽見母親和隔壁鄰居瞎聊，鄰居媽媽說女孩兒學鋼琴多好又多有氣質等等，母親被說得心動，很少顧及我想法的她突然問我：「要不要學鋼琴？」那時的我都要升國中了，沒好氣的回說：「我接下來哪有時間練琴？」我認爲自己的想法很實際，也對沒去畢旅一事懷恨著：母親寧願被隔壁鄰居說服，也不願意滿足我的需求；需求比不上虛榮，家裡好像也並不那麼缺學才藝的錢嘛。

小學唯一學過的才藝是作文與書法。這兩種都是我當時三年級的班導師主動想教我，完全無料，因爲我那時作文比賽「不小心」得了第一名，他覺得我有資質，想栽培我，既然作文都教了，書法就順便。於是我足足寫了三年的書法和日記，直到畢業。

每周日我都得去老師家寫作文，每周都要交大楷小楷數張，有些辛苦但我還是乖乖的做，畢竟被重視的感覺眞的很不錯，到最後是母親不好意思，想要意思意思給老師學費，於是囑咐我拿給老師，我記得老師終究沒有收，教那麼久都沒收了，沒道理要收這一次。

這些事影響我，在說No之前必須直視孩子的需求，若一次又一次的忽略他，用自以爲的方式來做，孩子不會感激父母的用心，只會心冷，心冷父母的殘忍，然後無法再靠近。

4 供需不平的愛，一切自己來

依能力做自己想做的事，並對自己的決定負責，無法與人商量。雖然童年沒有太多力量與選擇權，但從這段經驗中學到不依賴，靠自己得到成果也最美。

過去許多心理學的治療學派都強調童年的重要，討論童年經驗、依附關係，但有愈來愈多的作法朝向關注自己的力量。過去不是不重要，而是此刻活著更重要，我們該把焦點放在自己是靠什麼力量活著，未來想要如何變得更好。

我在臨床中的工作常常遇到童年創傷的個案，回憶過去細節並非治療的主要工作，如果必須談論創傷內容，必定是在個案準備好想談，並且想以現在的狀態去談，以賦予新意義，而非回到過去退縮的狀態去老調重彈。當然我也會遇到正在經歷創傷的孩子、青少年，內心傷口才剛出現，還在淌血，家門內的問題我一概沒有辦法改變什麼（只要行爲不違法就沒權力介入），那麼我只能陪他們走過這一段，增強他們的體質，就算受傷也可以好得快，讓他們對現在的自己仍不死心，相信自己仍舊有力量。

還好我的體質不錯，個性之故讓童年的我很快就將注意力轉向外面世界，外面世界也沒讓我失望，有許多事物能讓我產生好奇與興趣，暫時把無解的家庭問號丟在一邊。

關係放一邊，自我擺中間：屬於我的叛逆

漸漸地，母親的話對我無法有影響力，看著念小學的弟弟備受寵愛，不被注意的就我按著自己的喜好任性行事，一度沉迷於漫畫與港劇，和姊姊去追星，沉溺在劇情

裡面不可自拔，幻想自己是其中的主角。

我爲自己不念書，也爲自己而念書，曾經一度功課爛到最低點，國中畢業時有四科不及格，拿到那張紅紅藍藍的成績單時也沒太大感覺。很奇特的是我也沒因爲功課不好而被父母責難，想是因爲當時太瘦之故，身高已有成年水準一六二公分，但體重卻不到四十公斤，離厭食症的標準亦不遠，這樣的紙片人身材任誰也不敢苛責。我記得父母每每看到成績單也只能嘆氣，考高中時所有聯招的公立高中都考不上，私立高中更不用說，我了解自己的成績只能上私立五專，但自己是沒有資格耗費這麼昂貴的學費，於是我選擇了公立高職。

直到高職快畢業，我想爲自己讀書時才開始拚命起來，和父親討論之後很快達成共識，大學學歷的父親當然支持我去南陽街補習一年，很乾脆的付了一年學費，而我也想進夢想中的大學，在眾多科系中悠遊，所以即使那一年當三年用、非常辛苦，也終究考取了輔仁大學。

進了大學才是我火力全開、設法探索自我價值的時候。雖然人在文學院，但喜歡的科系都會設法去旁聽，教授多半不拒絕甚至非常歡迎：我到設計學院上商業設計，到傳播學院看電影，也到心理系旁聽，聽到後來就被誤認爲轉學生了，社團、聯誼也一樣不少。現在想想，我也算充分利用念這間學費很貴的私大資源，發揮最大的CP值了。

母親永遠搞不清楚我念的科系，現在到底在做什麼工作，我沒辦法跟她說正在念什麼書，搞什麼社團，因爲她不會主動問我，而我以爲她沒有聽的興趣。在有一次的母女爭執中她說出了「妳就是瞧不起我」之後，我驚覺自己揹負著「瞧不起母親」的不孝罪名，無法解釋也解釋不清的啞巴吃黃蓮。當時年輕說不清楚，長大之後就更無法說清楚了。

我並非瞧不起她的初中學歷，而是她因著自卑而產生的高度自尊，另一個名詞是「玻璃心」。屬於青少年的倨傲，她一律解讀爲「瞧不起」，當然啦，我不敢全盤否認。我想辯解的是，有哪個青少年不是這樣？

當我被母親責難時，也一度以爲自己忤逆了母親，直到我的女兒也開始進入青春期，彷彿看到另一個我，沒什麼事也擺個臭臉，對母親的詢問愛理不理的，我才知道青少年階段幾乎都是那個德行（青少年發展心理學書上也這麼說），他們只是試著當自己的主人，還在學如何拿捏尺寸。只是我那情緒脆弱的母親，無法成熟到承接一個叛逆女兒的行徑。

父母們很難覺察自己的情緒狀態深深影響了孩子，他們以溝通爲名，行訓話之實。我的受訪者，鐵男，回憶起他的青少年期。一直以來當他母親預備訓話時，他只能乖乖的坐著聽，因爲媽媽說「要和他溝通」，他無法離開不去聽（這麼多年也扮演著乖兒子角色），所以會耗去至少兩到三個小時，陷於沒完沒了翻舊帳、東扯西扯。

因爲無法溝通，他在某次嚴重衝突中賭氣的搬出去住。他說，其實是很烏龍的衝突，本來有了新工作需要搬出去住，家人也都知道，某天母親問他：「你不是要搬家嗎？什麼時候搬？你不說我們要怎麼幫你搬？」鐵男很訝異：「我沒有要你們幫啊，我自己搬就可以了。」這下可好，這個小漣漪馬上激盪成海嘯，變成萬丈波瀾，成爲信任與否的政治議題，母親指控他不尊重她，不在乎這個家，一氣之下他離開了家，至今兩個月還沒回去過。「這僵局遲早要打破的」，鐵男這樣認爲，他不會不想回家，但好歹要開始爭取自己的空間與自由。

父母因爲與孩子無法交會的無可奈何，又急切地以溝通爲名，以爲自己把話說得夠清楚，小孩就會了解，反倒把小孩愈推愈遠；而年輕時的我們自我中心，只看得到自己的傷口，看不到這個家背後還有龐大的家族系統在拉扯，也看不到家庭以外其他生活、工作上的磨難。「家人」這兩個字，太沉重。

情緒獨立後，自己更自由

現在的我，反倒是家中很強悍的那個。花了許多年摸索自己想走的路，雖然過程很辛苦，無法讓家人充分了解甚至誤解，卻訓練自己變得堅強；而當家人或母親看到我一路上的堅持，在感情或工作上終究累積了一些成果，也默默的看在眼裡，言語上也有接納。

以前被認爲「什麼都不懂」、地位不太重要的次女，現在總算也有舉足輕重的地位：在醫療知識或資源上佔著專業的優勢，給母親關於醫療建議時她大致也欣然接受。當她開始做化療時心情很緊張，我安排了自己服務醫院的相關檢查、住院，每次就醫也幾乎都隨侍在旁，不是爲了證明自己的角色或能力什麼的，而僅爲了盡女兒的義務，沒有同住一個屋簷下的安全距離，也讓我情緒上也得到了隔離與保護。

至於當年討厭的眼中釘，弟弟呢？奇妙的是長大後我們感情反而好，以前因爲他像個王儲般身分特殊，我早早就在外頭營造屬於自己的小小世界，離他遠遠的，所以他雖然受盡寵愛，但似乎也寂寞（因爲我並不想跟他玩）。而基於我部分的罪惡感，對長輩重男輕女不公平的情緒不至於波及給他。

相較於當了很多年老學生的我，弟弟大學畢業後就開始工作，賺得比老姐多，大學時暑假也兼差在工地打工。有一次應該是我生日前夕吧，弟弟挺大方給了當時窮哈哈、正在念研究所的我一千塊。我很驚喜，還問：「喂，這是零用錢喔，謝謝，我可不會還你。」那是他第一次給我錢，我很開心的收下，覺得這傢伙不錯嘛，挺上道的。

我們手足之間可以很平行、很獨立的各自經營生活，也能在想相聚的時候自在的見面，彼此沒有誰欠誰、誰比誰好的負擔，也許我們都共同看見互相綑綁與傷害的壞處，並極力避免讓自己變成那樣。

對於我那回不去的童年，總覺得小時候的事記起來的不多，記得起來的多半不快樂，陰鬱的童年啊，將會成爲永遠提醒我的一部份。

有了小孩之後，我常端詳著小孩的臉蛋，彌補我童年照片的不足。周遭的長輩親友都說兩個孩子極像小時候的我，但我覺得姐妹倆並不相像，所以我努力從她們粉嫩小臉蛋中拼湊自己小時候的樣子：老大的某個角度像我，老二的某個表情像我……，從她們微笑的嘴角線條找出自己的影子。我常凝視著她們，心中十分滿足，看也看不膩。

爲了極力避免出生序對她們的影響，只能儘量做到公平，答應過的事必須做到。手心手背雖都是肉，然而五根手指也長短不一，總有偏袒之心，有時大人自以爲公平，但小孩心中可不這麼想，有時我也有「落鉤」的時候：「馬麻你不是答應過我要……。」超強記性的小孩總會提醒我，最好的方式是設法彌補，而不是欲蓋彌彰。

我也學到，在能力範圍內滿足她們，若能力未逮則會坦誠相告。在女兒還年幼時，偶爾全家去度假，她會因爲只能在飯店住一晚而撒潑：「我不要回家，我要繼續住飯店！」我總會據實以告：「你老媽的錢只夠住一晚，不夠住兩晚，所以要努力工作，下次才能出去玩，你也要努力上學，只有努力的人才可以出去玩。」小孩也就似懂非懂的點頭，我不想因爲「假設」小孩不會懂而壓抑自己不表達，在孩子心中被誤解爲兇老媽，結果造成緊張的母女關係。

這一切還在學習中。

我努力建立他們的安全感，有了堅實的情感基礎做後盾才不害怕去探索，這是從童年種種經驗所學來的心得，希望她們未來可以走得比我更穩，在做決定的過程中不必刻意挑戰誰，也不必刻意討好誰，做自己眞正的主人。

5 母親的傷害該如何止血？

本來這段的標題是「母愛的傷害該如何止血」，後來想想，這故事裡沒感受到愛啊，誰說養育關係一定會內含愛的？這是個看來好像很驚人，其實並不意外的結果，值得我們打破迷思好好的想。有些事實因爲太殘忍，不在我們的認知範疇內，需得花許多年的時間才能漸漸接受「母親愛其他家人更甚於愛我，母親甚至不愛我」這個事實，然後才不會再受傷。以下是阿孺的故事。

被體罰的自己，以後絕不打小孩：阿孺的故事

阿孺小姐三十六歲，這個綽號是她指定的，她形容自己的故事是「努

力逃出家庭的若干年之後，又努力地從外面逃回家裡」，現在仍舊和母親住，所以她的故事就是年輕時如何逃出、成年後又如何想回到家裡的歷程。

我喜歡聽她說話，表情生動，眼神堅定，一想到要做的事情就很執著，不會想太多、一心要完成目標，所以她有時覺得自己很傻，對自己這樣的特質抱持著「不知是好是壞」的疑惑，但仍舊努力朝向自己想要的日子，我想是因爲她早已經學到不依賴誰，也沒遺漏良善女兒的特質。

阿孺的父親來自紈綺型的本省家庭（祖父有兩個妻子），十分有錢的基礎下培養出父執輩揮霍的個性，就算過得再潦倒，父親這輩子不曾做過他人的員工，不斷的投資，開公司作生意，倒閉，再作新投資……；母親則來自受父母寵愛的外省家庭，兩人同年，二十歲出頭結婚。當阿孺出生時家道已中落，開自助餐廳營生，母親住在婆家並幫忙夫家生意，父親則到處躲債，偶爾才回家。

兩個不約而同被過度呵護、不同的溫室品種，擺在一起意外合拍，一開始依著富裕條件過了幾年舒服生活，也滋養了兩人因相親而來不及培養的愛情，像偶像劇般的日子，小倆口的感情的確無憂無慮，可惜偶像劇就是偶像劇，集數過短，但人還不易醒，一個忙著做著自己能力根本不及的大夢，另一個則是仍在做著偶像劇的愛情美夢，在生活的柴米油鹽中還學不會獨立長大。兩人都扛不起該有的角色責任，讓子女受苦。

阿孺回憶，「父親不太常出現，但一出現在家時母親就會很高興，全家會一起出去玩、吃飯，到小學三年級以後才明白，父親回家是要向母親拿錢的。」

母親在努力工作填滿父親債務黑洞的同時，嬰幼兒期的阿孺則被放在外祖母家中照顧，滿足基本的吃喝拉撒。她最早的影像記憶是，自己大部分的時間被放在床上，側臉橫看這個九十度的世界，眼前隔了一座棉被山；外祖父母沒有心思費心建立教養規則，阿孺餓了就吃，想吃就吃，零食也不例外，像寵物般被豢養著。

一些懵懵懂懂的感覺沒辦法被具體化，日後發生的傷害也讓她措手不及，不能在最快的時間反應，吃足了苦頭。她的語言能力也來得晚，這也是門診觀察到隔代教養常有的問題，孩子的需求在沒有節制下被滿足，沒有被約束與教導，缺乏足夠的學習刺激，以至於看起來比同年齡的遲緩。

直到小學時被母親接回照顧，展開前所未有的震撼教育：母親工作很忙，容不得阿孺有一丁點拖延，那時她才知吃飯要按照三餐時間來吃，只要媽媽給的一碗公飯吃不完、吃太慢，馬上就是一巴掌，罰跪也是常有的事。

那落差極大，一點緩衝時間都沒有。就像原來被圈養的動物，一下子就被要求拿出馬戲團的把戲，至少要給點訓練時間吧。

那是需要建立生活規則的時期，母親只是一味處罰，沒達到就一頓打，並沒有跟她說明爲什麼要做這些事，爲什麼上學要帶書包、爲什麼打鐘就要進教室、爲什麼要跟大家一樣……。母親是用打來建立規則。

看來當時的母親早就出現問題，完全不能站在孩子的立場想，那是作爲母親稍加留意就能辦到的事，除非她已經失去做母親的心情。

母親沒有餘暇，也沒有心情和後來住在一起的女兒培養感情，她有屬於自己的情緒包袱，也許把責打當成另一種發洩，常責備爲何其他孩子做得到、就她做不到？可憐阿孺有太多的不理解，只能選擇最安全的方式，變成安靜、被動、不反應的小孩。

糟的是，那個年代國小老師會打人，體罰觀念仍盛行。

被體罰的孩子是什麼心情，我這個也被過度體罰的小孩很清楚，直到年紀很大了還會惦記著這事兒，而且懷恨在心，例如把我的頭按進水桶裡吃水的低年級導師叫什麼名字。

老師會基於「家長應該教過小孩」的基礎上要求孩子，並不考慮「其實也有不教孩子的家長」，於是阿孺在學校也常被打：因爲寫功課的方式、筆畫的順序不對、難以管教而被貼上「壞學生」標籤。也沒有人教她怎樣與同儕相處，學習孩子世界的遊戲規則，所以她只和書本人物對話。「放學時我就去爸爸他們家開的自助餐吃飯，媽媽雖然在那邊工作但也沒空理我，我就自己去舀飯舀菜來吃，吃完就在店裡等，等到打烊了再和媽媽一起回家。大部分的時間會跑到隔壁的書店站著看書，什麼書都會看，我小三就看完金庸了喔，看到書店的老闆娘臉色很難看，不過也沒辦法，我也沒玩伴。」

父親一年至少有六個月不在家，並非人在外地當船員回不來之類的，而是忙於他那好高鶩遠的幽靈事業。「我爸還去選過民意代表，誇張吧，那錢大概也是跟我母親拿的吧。」她記得經常在晚上十一、二點時，母親打電話到處找爸爸的畫面，在電話中又哭、又罵、又求的。

學習：有的家人愛其他家人更甚於自己，得認清這個事實才不會再受傷。

母親很愛父親的，愛到自己在婆家裡狼狽的付出，不斷折損，不知道什麼時候該喊停，把自己榨乾得一滴不剩。想當然，當你選擇所謂無悔的付出時，別人也會這麼對你，因爲你甘願，所以壓榨你不會有任何罪惡感。母親後來脫離了婆家生意另找工作，也仍舊塡不滿父親的欲望黑洞，父親欠的債愈來愈多。阿孺在高中時意識到金錢的重要：「我一念高中母親就要我打工，連工作都幫我找好了，她告訴我，『誰叫你是我女兒，你賺的錢就必須養家。』我沒有選擇，白天當銀行小妹，薪水兩萬多，晚上上課。錢全給我媽，我每月只領一千塊。」

對母親來說，父親這個家人是更重要的存在，母親忘了還有其他家人，只要父親快樂，她就會快樂。

除金錢需求之外，母親對她似乎沒有更多關愛，她感受母親對父親的愛超過自己的小孩。幸而阿孺開始受到老師思想上的啓蒙，包括想出國留學的心愈來愈強烈，她開始爲自己準備，有時翹課去打工，打更多的工，拚了命的賺錢，只要掰得出理由，母親也無暇多問。

我很慶幸阿孺有逃的勇氣，雷達已經偵測到這病態的空氣，是因爲有機會呼吸到正常的、意外新鮮的空氣，那使得她愈來愈清楚自己該要什麼。

臨畢業前她偷偷申請了德國的學校，偷學了德文，工作之便也僞造了存款證明，連機票都訂好了，若不是母親的自私，便無法激發她生存的動力。我想，若不是這樣正向的孩子，哪裡辦得到這些？我有感於許多哀嘆自己得的不夠多的孩子，只因太習慣父母給與一切，過於被寵溺，不懂得珍惜。

累積出走的能量：阿孺的圓夢計畫

阿孺說自己的名字是家譜中的〇字輩，似乎預告了傳統桎梏下不可擺脫的命運，按族譜取的姓名是成年前的緊箍咒。「我討厭爸爸那邊的家族，像吸血鬼一樣把我們家吸乾。」家譜不是一個值得驕傲的標記，家族也不足以彰顯自己的榮耀，反而被拿來理所當然的剝削自己。

她一方面十分盡責的做到身爲女兒的責任與義務，另一方面又亟欲獲得自由。高中畢業典禮前一天，她告訴了母親接下來要出國的計畫，沒想到她的瘋狂計畫竟然被母親擋了下來，因爲她「不能不盡一個女兒的責任」，她第一次與母親大吼：「爲什麼妳不讓我去？爲什麼不放了我？」母親連自己都無法放過，怎可能放開她？

她不想完全屈服，心想「念不成書，那我玩總可以了吧。」於是她仍舊出走，賭氣似的先到美國，然後歐洲，玩遍了當時歐洲申根簽證能到的地方，直到簽證到期必須回來爲止。那一年她過得忙碌刻苦而快樂，一路玩一路找打工，「只要能賺錢我都想試，用破英文到處去找機會，我在路邊唱『茉莉花』，拿著一塊『我在自助旅行請幫助我』的牌子；我幫老外取中文名字、做十字繡，這個最好賺……。」她看到歐洲人的家庭互動好親密，身體可以這麼靠近，心裡想原來家人是可以這樣相處的。

她心底又開了一扇窗，原來人可以有那麼多可能！

回來之後她更清楚必須先丟開家人才能得到自己，又與母親大吵：「妳只顧妳的老公，根本不管我需要什麼！」這次的抗議終於得到一些回應，阿孺的祖母透過關係找到日本一所學費不貴的私立大學，母親只得被動接受，勉強付了第一學期幾十萬台幣的學雜費後，剩下的就靠阿孺自己。

吃苦對阿孺來說已經不是什麼難事，她可以在吃完上午學校的早餐後，接著向廚房要剩菜剩飯預備當午晚餐；只要和上課老師混熟一點，就會問老師有沒有打工機會。「天啊！根本就是沒水也能生存的野地雜草嘛！」我這樣想。在日本的幾年沉澱時間，阿孺漸漸覺察到「即使是家人也不能相互了解」的矛盾，想尋求更多內心的答案，於是她從原來的科系轉到宗教領域。

這個轉折和我從中文系轉到心理系，有異曲同工之妙，當時的我以為自己對心理學有興趣，其實內在深層的意念是想找答案。

當阿孺的哥哥要結婚時，要進門的大嫂開出的條件竟然是「父母必須離婚才行」，顯示家門的不堪連外人都無法負荷，若不這麼做，恐怕嫁進來沒多久就賠了進去，這外人可不若家人那樣願意犧牲奉獻；但善於搾取的父親也開出條件，要一筆爲數不少的錢才肯離。母親在不怎麼情願的狀況下被哥哥「逼著」離婚——想要看見兒子娶媳婦，就必須捨棄這個可有可無的爛婚姻。

阿孺不知道父親開價多少，她只知母親開口跟她要三百萬，說，就差這三百萬。我不知阿孺是怎麼攢到這麼多錢的？只能說人的潛力太無窮。她很乾脆的付了，當時的男友雖然沒多說什麼，只是提醒她「這樣妥當嗎？」於是她開始思考自己是不是給得太理所當然？她開始覺察自己是想用金錢來證明「自己是有能力的」、「有用的女兒」，也用錢讓母親閉嘴。

歸國後的她找了工作，仍舊和母親同住，此時的她已非當年傻呼呼、只蠻幹的吳下阿蒙，她知道現階段是爲著母親的健康與身爲女兒的義務而同住，想走隨時能走，她是自由的，不過無法喊母親一聲「媽」，而以「林太太」或「陳小姐」代替。經歷了這些，人生沒有什麼是放不下的，阿孺很清楚自己不想變成母親那樣，她和母親不一樣的地方是有能力逃。

現在的她，據我所知道的近況是嫁到國外去了，與先生養了N隻數目不詳的貓（她的臉書上放太多隻實在很難搞清楚），過著平靜的日常。受傷的女兒異地療傷，成爲眾貓的媽，我覺得人生至此也苦盡甘來了。

6 若沒有母愛，該如何長大？

家庭破碎，我該怎麼辦？

依照衛福部的統計，每十個孩子就有超過一個以上來自於單親家庭，單親家庭有許多危險因子，但這不代表非單親家庭的孩子就過得好，更多隱性單親的家庭藏身在看似正常的家庭裡，更多家庭只是爲了維持一個表面的家，因爲有總勝過沒有。但孩子眞的是這樣想的嗎？

我是自己長大的：健身房先生的故事

健身房先生是另一個童年得不到滿足的故事（以下細節經過馬賽克變造處理）。

他和阿霈一樣告訴我們，即使童年有匱乏，生命還是有辦法找到出口，擁有某些活下去力量。

這個二十八歲的年輕人是自己來精神科晤談的，他知道自己想談什麼，第一次晤談時就很清楚的告訴我：「我想要改善我的人際關係，我覺得自己的情感經驗比別人慢，我想要更自在的跟別人相處。」他很退縮，很瘦，瘦到臉上顴骨線條稜角分明，但還是個帥氣的大男生。這樣的大男生不敢談戀愛，當女生想靠近他時就會閃得遠遠的，他抗拒建立關係，擔心別人太了解自己，擔心對方看輕自己，擔心家門內那些難堪的家務事會被發現⋯⋯。

來晤談時他顯得很緊繃，講話結結巴巴，不是對陌生人的緊張，而是找不到字眼拙於表達，難以說出心裡的感覺。

當然按照慣例，只要個案有長期無法解決的議題，我都得了解原生家庭到底是怎麼回事，還好他有心理準備願意開始跟我從頭說起，我們有得是時間，他緩緩帶點結巴的語調說出以下的故事。

小學時他不知道什麼是早餐，好賭的媽媽從來沒準備過，他所認識的是一個經常不在家、有時會消失好幾天，沒錢會回家跟爸爸吵吵鬧鬧的母親。我很訝異，怎麼會有人不知道「吃早餐」這回事？

他說，「小學的時候我以爲大家都跟我一樣，早上起來就準備上學，覺得餓喝個水就出門了，沒去想其實大家都是在家吃完才來的，後來才知道不是同學沒吃，而是學校規定不能在學校吃早餐，所以看不見同學有吃。我有好長一段時間都這麼過，直到升國中後看到同學帶早餐來吃，才恍然大悟有這回事。」

「那你今天吃早餐了嗎？」我問。「嘿嘿……」他不好意思的笑笑，長大後的他雖然口袋有錢了，可就沒養成吃早餐的習慣，常以喝一杯熱水代替，身材過於瘦削，神情有些憔悴，他一直不太會照顧自己，包括生活起居與情感，不懂得如何表達自己的關心或憤怒。而他兩個哥哥也有同樣的問題，手足之間也難以分享，許多從父母身上自然而然學到的事情，他們都要自己摸索。

小時候無法畫出「我的家庭」，不知道如何過母親節，他知道家裡不正常到了極點。

「我印象最深的是，我媽會去跟我阿姨炫耀，說我們都是『自己長大的』，因爲我們家都是男孩，她都不需要操心也不用管，我覺得很不以爲然……。」說著說著神色黯然。

他的母親居然引以爲傲！根本就沒盡到身爲母親的基本義務，連讓孩子吃飽穿暖這件事也不及格，有恃無恐的把這一切丟給孩子的爸，打牌去了（他告訴我或許母親打牌只是藉口，也許早有外遇），反正家裡有大人，可是他的父親無暇照顧，早上起床即不見人影，否則怎會不知早餐這回事呢。

這是多晦暗的童年啊，沒有父母陪伴的家，能算是個家嗎？沒有同桌吃飯的經驗，更沒有一起出遊的照片。他那軍職的父親可以藉由工作成功逃走，但孩子能去哪？這個空洞的家就是他的一切。

我常從這些很特殊家庭出身的孩子身上找到一種美好的堅毅特質，那就是儘管受著不爲外人知的辛苦，若還沒有被打敗，那麼接下來他們就有辦法找到出路，而且再也沒有什麼是他們承受不起的了。職場的老闆很機車？同事間的耳語八卦或霸凌？拜託，這都是小事了。

慶幸的是我遇上了長大後的他，雖然一路上跌跌撞撞很辛苦，但他很努力的想讓自己站起來，證明自己仍然擁有愛人與被愛的能力，然後帶著這樣的準備坐在我眼前。

後來在晤談中我們共同描繪對家的想像，期待自己三十歲時的樣子：「我想要有自己的家，就像大哥一樣。大哥有了家庭之後整個脾氣都變好了。我不想像我二哥，跟我媽一樣到現在還跟爸爸借錢……。我要讓我的小孩吃得飽，穿得暖。」不知爲何，這麼簡單的一席話卻讓我心裡一酸。

是啊，吃飽穿暖是這麼簡單卻又如此重要，是為人父母的基本分數，是對自己創造出的生命該負的責任；然而這在養育子女的過程中，也只是六十分的基本分（天可憐見，仍有孩子連這六十分的滿足都沒有），還不包括接下來的教養歷程呢。

之後我跟他的對話常常在「吃飽沒」這種俗濫卻最接近他狀態下的問候開始，而且必定問候三餐：「你昨天早餐吃了沒？那午餐？晚餐呢？」活像個嘮叨的大嬸。他則像小學生背書一樣：「是，我知道，早餐一定要吃，要多吃水果，也不能吃得太快……。」他變得圓潤結實，有精神了，只是神情仍舊不夠有自信。有一次他跟我說，「我有變胖，因為我最近有在吃焢肉飯喔。」我覺得他實在太可愛了。

他開始可以跟我談談他的理想：因為開始關注自己的需求，他開始運動並對運動愈來愈有興趣，現在在學游泳，想拿救生員的證書，之後想去健身房工作。

最後一次的治療會談，我們的晤談重點仍舊不直接談「改善人際關係」，而是類似吃喝拉撒之類的瑣事，也慶幸他理解我的用意，願意在改善人際關係之前先觀照自己，在誠實面對破碎的家庭經驗時告訴自己，「這並非是自己的原罪，而且我日後有能力過不一樣的生活。」他對於自己的選擇變得比較勇敢，不害怕去嘗試新工作、認識新朋友。後來他眞的如願到健身房工作了。

我們的人生沒有健身房先生的極端，但也可能因爲跟阿孺一樣因爲某些原因不快樂的活著。去了解自己的不快樂是有原因的，那些原先無法啓齒的事並非自己的錯，不必爲了不屬於自己的問題自卑，以前的人生無法選擇，以後的人生一定可以自己來決定。

不去掌控、過度控制家人，而要祝福家人：黑皮的故事

前面的故事給我的啓示是，如果「家」連基本功能都失去，那麼努力維持這個家的意義就不大了。更何況孩子有什麼能力維持一個家，只是無法逃走罷了，長大後如何重新定義「家」就顯得迫切。

這似乎驗證了馬斯洛的需求階層理論，生理與安全的基本需求被滿足之後，才能在這些基礎上去談歸屬感與愛的滿足。但，每種理論都只能說明人的某些面向，人的內涵如此豐富，有些情況偏偏不照馬斯洛的說法，甚至倒過來解釋也行得通。以下這個故事就是例子，說明了只要有愛與關懷做基礎，只要品質夠好，子女也能收到父母的心意，那麼生理上的匱乏也就相對能夠忍受了。

有智慧、夠成熟的父母可以給孩子更大的安全感，即使父母無法在身邊，孩子也能在被愛感中面對困難。當了家長之後必定知道，不管教比管教難，不嘮叨比嘮叨難，放開孩子也意味著放開自己，給予彼此空間。這也提醒了我自己，把孩子抓太緊，只會讓他想逃。

黑皮來自於一個窮困的家庭，父親是工人，工作不穩定，在酗酒之後就變成另一個人：懷疑母親有外遇，不斷毆打與找母親麻煩。黑皮排行老大，底下還有兩個妹妹，母親對黑皮的管教嚴厲，不希望家庭影響黑皮的人格發展，所以母親在黑皮小學約三年級的時候就要求他洗米煮飯，不僅要自己照顧自己，還要像個哥哥，會照顧妹妹。（我領教過黑皮的廚藝，他是我認識的男性朋友中手藝最好的。有一次在臉書上看他自製了地瓜圓與芋圓，驚嘆他隨手拈來的能力，那些像豬肋排、冬瓜鑲肉等等都是小 case 了，這些都應該感謝黑皮媽媽的魔鬼訓練。）

他的母親其實深謀遠慮。因爲家裡窮，必須儘早學會獨立，他的母親想必是希望他在最短的時間學會生活技能，建立正確的價値觀。黑皮不怪他媽媽，即使考不好就是一頓狠打：「我自己本來就很皮，不逼我就不念書，因爲我知道我媽對我很關心，我知道她希望我成爲怎樣的人。」當我跟他聊起我的管教法寶「愛的小手」被孩子刻意藏起來不讓我用時，他居然能把當年老媽打斷多少根衣架和藤條的事情拿來當成笑話講，跟我分析用哪一種打比較痛，而且還說得興高采烈，一點都沒有怪罪他老娘的意思。

到了國中時，黑皮家裡窮困到連吃飽都有問題，因爲不負責任的父親遊手好閒，母親必須去外地工作養家，只得請黑皮要照顧妹妹，然後一別三年，偶爾才能回家。

想必黑皮媽早就料到會有這一天，所以才做了那麼多事前準備，給了孩子心理訓練。

黑皮完全能夠體諒母親必需要工作才有錢：「我媽三年不在家，可是我可以感覺她關心我，但只要我爸一星期不在家我就覺得被遺棄，他一點都不關心我們。以前我很自卑，請了一百多天的病假不上學，他就叫我乾脆休學，跟他去做工；但我媽不一樣，她會放下工作特地回來陪我，她會察覺我不開心，所以現在我跟我媽感情超好。」

後來黑皮繼續走上升學之路，不管做什麼決定，重要的時刻母親都會陪在身邊，母親只有一個信念：小孩不能變壞，要獨立。她相信她的孩子可以照顧好自己。

高中的時候依舊很苦，父母到處打工，黑皮也跟著居無定所，甚至寄人籬下住同學家，那時父母正打算離婚。母親雖過得苦，卻想掙得三個小孩的撫養權，黑皮當然想跟著媽媽，但重男輕女的父親家族不可能放棄黑皮，這讓他們很苦惱。不過後來的戲劇性轉變是，父親突然很乾脆的放棄黑皮的撫養權，原來是他有了新對象，不久後即再婚。

母親的愛很直接，很清楚，沒有迂迴的教條或層層的家規，這愛的強力電波沒有雜訊干擾，可以一直跟隨著黑皮，即使他現在一個月才能見到母親一次，但心裡是沒有距離的。

這讓我看見「自己長大的」孩子，在不同基礎下會有怎樣不同的心理狀態，除了取決於母親（主要照顧者）的態度，也視孩子的心理素質。前述因子我們無法控制，但心理素質至少可以藉由外力的磨練不斷被增強。

【第 2 部】

走過苦澀的青春歲月

7 所謂的叛逆，其實是被傷害、誤解

很少有人願意惹惱、得罪家人，甚至要遠離家人，除非萬不得已。那個「不得已」背後有許多的無奈、失望或傷痛，爲了保護自己只好選擇先離開。有些人的離開是爲了活出不一樣的自己，而有些人有限度的離開是希望自己有一天能再回來。

就常理來說，如果討好家人能讓家人開心、自己也開心，當然很好，可是問題來了，以下三種狀況會使得「討好」變得困難：第一，討好家人的方式不是自己能接受的，認爲不合理、做不來、不想做。第二，即使極盡討好家人的能事，家人卻永遠不滿意。或者第三，很努力的討好對方，對方似乎滿意，因爲對方滿意自己也似乎覺得滿意，不過卻不快樂。

有誰不想當個乖孩子？當個叛逆的孩子半點好處都沒有，除非發生上述的幾種狀況令人不想當乖孩子，寧願被貼上叛逆的標籤。

子女的叛逆，背後必定隱藏了許多原因。那些在診療室中很酷的告訴我，「我就是不想甩我爸（媽）」或「沒有爲什麼，就是他很煩」之類的子女個案，如果有機會細問下去，其實大都已經嘗試過許多接近父母的方法，當這些方法皆無效時，就會有「乾脆都不要努力了」的無望感，豁出去了，就讓父母討厭到底好了。

當然不是所有的子女在面對父母給予壓力時都會表現出叛逆，有些子女仍舊感受到父母的關心而無法對父母生氣，找不到出口的叛逆力量就朝向自己，有時連自己都無法察覺。而當這股內在力量是負向而不是正向時，嚴重者便會發展出情緒症狀將自己團團圍住，無法掙脫。

有個個性怯懦的大學女生來找我，她因爲對未來茫然，對現在念的科系找不到意義與方向，休了一學期之後復學，情況依舊沒有改善。剛開學時她十分慌張，擔心自己遺漏了什麼，做不好什麼，去圖書館照著老師所開的書單借了一堆書，卻又沒辦法看，到期了又原封不動歸還，然後再借一批新的，無法停止她的焦慮。

進到診間的她，腳邊的確放了一大袋借了大概又沒辦法看的書。

我察覺每次都是母親陪她來的，很關心女兒的狀況，有時會在門診結束時把我拉到一邊悄悄詢問，「她今天表現得怎麼樣？」於是我便想稍稍了解她們的母女關係。

「我媽很關心我，照顧我很多，我很依賴她，連我身上穿的衣服都是她買的，因爲她的眼光比我好。」

「她也管我很多，我們當然會吵架啊，每次出門自己挑衣服她就會念，說這樣搭配不好看，後來堅持了幾次之後，她才讓我自己去挑衣服。」

她無法對母親生氣：「我後來想想，我媽說的都對啊，我應該照著我媽的建議去做才對，她的想法都是爲我好，我媽說我英文好應該要念英文系，而不是商學系，結果我果然是念不下去還休學。」她無法堅持自己的選擇，搖擺不定，最後眞的證實自己沒有辦法獨立又印證了母親的說法，必須仰賴母親，而不放手的母親也緊緊抓住了女兒。

父母爲子女設想的，不一定適合子女，但過度擔心子女走「冤枉路」的父母還是忍不住介入太多，一廂情願的操縱、主導子女的人生。這個大學女生只與我談了幾次，便因爲難以控制的焦慮症狀而住院，暫時中斷了探索自己的機會。

在順從與不順從父母之間，我們拉扯著，擔心被冠上「叛逆」的名號，想要擁有自己力量的過程是辛苦的，有的苦只有自己能獨自承擔。

叛逆的女兒，不被了解的青少年：小柔的故事

小柔這個女兒，正是我說的不得不叛逆的例子。

我與她晤談了近一年的時間，她紙片人般的身材，更顯出過瘦的錐子臉與過大甚至帶點驚恐的眼睛。她說話一向輕柔，即使說到傷心事也只是暗自垂淚，怎麼樣都無

法將她與叛逆二字做聯想，這個外柔內剛的二十歲女孩並沒有明講想談母女議題，她為著睡眠問題而來，僅需要輕微的藥量就能解決；但她滿懷心事，沒幾次的功夫談的所有生活困境都指向母女關係。

她從小就不能理解，為什麼母親這麼憎恨自己？為什麼自己會有喜怒無常、一發作就愛摔東西、既不工作也不做家事，和別人那麼不一樣的母親？在她的印象中，母親沒有慈愛，更沒有期待與關心她的這一塊。

小柔與母親及姐姐同住，自懂事以來她就必須做家事，而她也從不質疑為什麼姐姐可以不用做，如果做家事可以讓不假辭色的媽媽對自己有一點點讚美，那她很願意去做，那時順從是唯一的選擇。到了小六畢業的暑假，母親告訴她以後的零用錢要自己去賺，於是幫她找好了附近早餐店的工作，要她早上去幫忙兩到三小時，每天領一百塊，母親還特意要老闆不要給太多，因為小孩會亂花錢。

那時候的她認為母親都是對的，也許早點獨立是好的，早點了解賺錢不容易也很有道理，也許比較會念書的姐姐不需要做這些。

當時還懷有孺慕之情、一心想討好母親的小柔，曾在某年的母親節畫了一張卡片給母親，當時母親沒有特別的表情；第二天，她在垃圾桶裡看見了她畫的卡片。她很傷心，找機會告訴了外婆，外婆隱約知道母親的狀態，卻也沒有爲小柔說話，僅說：「也許你媽不喜歡卡片，如果送的是禮物她就會喜歡。」看似安慰的話語，實則挖了更大的洞讓小柔跳。於是她之後拚命打工，存了一筆錢想買好一點的禮物，她心想，既然我買不起香奈兒的包包，那我就買香奈兒的保養品。於是她買了一份在能力範圍已經是最好的東西，當作母親節禮物。

「結果，第二天，我依舊在她的垃圾桶裡看到那套保養品，拆都沒有拆就直接丟掉……。」一再又一再地失望、心碎，母親也把小柔的心丟到垃圾桶。

送禮事件之後，她知道無法再懷有期待，於是開始冰封自己的感覺。

她在國中時開始變得兇悍。別人說她難相處、不友善，其實那是她的保護色。當還沒有自己的小圈圈之前，有一陣子她下課得躲在廁所，才能避開其他同學的異樣眼光。有一天幾個女生圍著一個唯唯諾諾的女生，把她們的作業放在她的面前要她「幫忙」抄寫時，她看著那個看起來脆弱得像自己的女生，突然升起一股力量，走過去把那些人的作業本用手全掃到地上，那些人又驚訝又生氣，於是她們打了一架……。

我還蠻好奇女生打架會怎麼打，揪著頭髮或掐著脖子嗎？小柔很神祕地對我笑笑，「不，是直接把椅子拿起來丟……。」反正最後她贏了，除了打贏之外還有朋友，包括那個被霸凌的女生，還有幾個也是班上主流圈圈認爲的怪咖。現在至少她已經有「五人小組」了。

她一直以來都自卑，因爲沒有姐姐會念書，沒有什麼很會的事情，只喜歡交朋友，但母親都斥責她交的是壞朋友，更強化母親對她莫名的負面觀感，還設法阻止她有朋友。幾次之後她開始反抗：「我媽都說那些是壞朋友，但我很清楚她們並不是，她們看起來有刺青、穿鼻環，不表示她們是壞人，她們是眞正關心我的人。」

母親主導的價值觀開始不能左右她，因爲母親的控制權開始發揮不了作用，她的自我意識日漸強大，就算還是不懂母親爲何這樣對她，但她開始知道母親的病態，不離開不行。

在某次激烈爭吵之後她離家出走，這個劇本在她腦中早就已經演練很多次——這樣的家值得她珍惜嗎？離家後母親會有感覺嗎？她只知道情況不可能更壞了。出去之後果然是另一片天空，幸好長期被情緒霸凌、精神家暴的孩子，還沒有失去與人互動的渴望，也還沒放棄愛與被愛。

小柔身上「叛逆」的性格因子發揮了很好的復原作用，她的朋友馬上讓她有住的地方，然後很順利的找到兩個打工，餐廳的老闆娘極爲照顧她，所以三餐都沒有問題，她第一次感受到即使不是家人，沒有血緣關係的長輩也能像家人一般的照顧自己，甚至比家人還家人。

跟那個名義上是母親的家人比起來。

一年之後，小柔因外婆的要求回家了，因爲外婆說姐姐已去外地工作，只剩母親一個人在家她不放心，所以小柔義務性的執行回家任務，母親依舊冷漠以對。然而小柔在一年的獨立生活中學到了不孤單，原來一個人生活並沒有太難，雖然工作很累，心情卻有說不出的輕鬆，尤其看到自己的努力有實質的進帳收入，存款數字增加的踏實感比什麼都重要。

她隨時都能再離家，倘若母親再度把她的心丟到垃圾桶，也許下一次就是頭也不回的離去。

我肯定她的叛逆。若不這麼做她早就瘋了。

當她告訴我，她母親當年只丟她的母親節卡片卻沒有丟姐姐的時候，我簡直驚呆了，所以小學的她就有想死的念頭一點也不令人意外。當她說出母親第二次丟掉她送的禮物時，不該在晤談室哭泣的我必須忍住想哭的激動，家人所能展現最大的殘忍莫過於此——女兒純潔的心被撕裂、摧毀，被不屑一顧。我以爲我在門診多年的歷練什麼人沒見過，但小柔的故事又讓我看到另一種母親的樣貌。

小柔必須叛逆，也一定要叛逆，唯有這樣才能得到救贖。我鼓勵叛逆嗎？是的，當母親不再是母親時，爲什麼我們不能逃。

8 我不是你們想要的樣子

這個坐在我眼前大學剛畢業的女孩，近幾個月已經有兩次自殺行爲。

小希（她說以前曾很想開甜點店，讓我想起日劇「小希的洋果子」，所以我這麼稱她）自殺的理由是因和男友吵架，男友說她心裡有病，並諷道：「有病先把病醫好再來找我。」被男友狠甩外加羞辱的小希深受打擊，當晚直接坐車到海邊想跳海，但不知爲何後來被警察送到醫院的急診室，這段的記憶完全想不起來。

自殺是所有問題的終結，所有不想活著的人都是認爲活比死還辛苦，那些活著的困境不知如何解決，只有死是唯一的路。那如果沒有死成呢？有些人會嘗試第二次、第三次，有些人則會停止嘗試。

幸好我遇到的小希是處在死過兩次之後開始覺得「如果死不了就要好好活」的階段，有些內在省思，不過離怎麼做還很遠。沒關係，我的工作正是協助個案找出改變動機，並愈來愈清楚該怎麼做。

第一次談話時，她就很清楚的告訴我，自殺只是一個導火線，她長期以來覺得很疲憊，做什麼都好累，沒有能讓她提起興趣的東西，也沒有喜樂感——這是長期低落型（Dysthymia Depression）的憂鬱症，處理起來更棘手，因爲那是層層疊疊、舊傷加新傷的問題大集合。

很快地，她就能幫自己整理出長期不快樂的原因。她來自於管教嚴格，甚至過分規條的家庭，晚上有門禁、不准交男友的限制自是不必說，還加上非常苛刻的零用錢。這個中產階級的家庭是不缺給孩子的零花，但她位居會計主管的母親把孩子當成必須會理財的對象，想要教育孩子珍惜金錢；她的父親則是把孩子當成屬下，帶孩子如帶員工。

這並不是說父母的專業不能教導孩子，而是別忘了父母在家的角色可是父母，如果一味把自認爲好的觀念與價值塞給孩子，沒有理會孩子適不適合或需不需要，那麼父母的角色就不算稱職。

只能在夢裡的甜點店：小希的故事

（照例，以下故事已經過變造）

小希曾經有過夢想：一家屬於自己的甜點店。她靦腆地打開手機中的「甜點照片集」，那些已經許久未打開的照片，是她國高中時的作品：瑪德蓮、戚風、瑞士捲、虎皮蛋糕……，還有同學們開心大嚼的模樣。就一般家庭現有的廚房設備來說，這小妮子的實力實在不容小覷，但她的母親會不斷分析開店的資金壓力、人事問題、現金流，讓她提早看到開店的辛苦與黑暗面，漸漸勸她打消這樣的念頭：「當興趣當然可以，要開店的話就不必了。」拜託，她才二十二歲啊！

那一次談話，我聽到了她久違的夢想，屬於這年紀女孩該有的青春生活，好像又一點一點的撿回來了。但她在晤談時間將結束時跟我說，她的父親已經透過關係幫她找到政府部門的約聘行政職，機會難得，下個月就要去上班。我很錯愕，希望下次再跟她好好討論這件事。

沒兩天，我上班中接到父親電話，口氣有些氣急敗壞，雖然態度客氣但難以隱藏其中的不滿：「上次小希和心理老師談過話之後，她居然說她下個月不想去上班了，老師到底和她說了什麼？」

父母們的迷思之一是：「有誰會比我們更了解自己的孩子，難道我們會害孩子嗎？這些教養專家憑什麼告訴我們，什麼最適合她（他）？」如果真的是這樣的話，如何解釋現在不快樂的孩子愈來愈多，為何有許多孩子寧可選擇告訴我們這些外人他們的秘密、而不想告訴父母？

對於這種一開始就有敵意的父母，我無意展開說服工作，因為那是吃力不討好的事，如果父母已經存有這種「沒人比我更懂孩子」的偏見，那誰來和他們的孩子晤談都一樣。我也爲人父母，必須換個角度和這位父親說話：「我理解爸爸的辛苦，也爲孩子設想很多，我當然沒有您了解孩子，畢竟只見過一面，但我必須在醫療上提出專業意見。您的孩子才因自殺急診不到一個月，現在還有自殺的危險性，所以我們醫療團隊的確會擔心；再者，您孩子目前的症狀是……。」其實電話中不適合做這樣的家長諮詢，如果家長有疑慮，我們應該約門診好好的談，但我實在等不及。

「請等等，我去拿筆記下來……。」這位爸爸語氣開始緩和，也很用心記下女兒目前的情緒症狀，在我充分說明目前症狀仍舊干擾整體功能之後，爸爸願意尊重醫療建議，好好考慮我提出的問題，因爲我們都不希望小希在不適合工作的狀態下去工作，若被辭退反而更影響其自信。

我忍不住多嘴，提到了甜點店。「我們實在不覺得做甜點這種興趣可以拿來當成工作，你不了解她的個性……。」只要一句「不了解」，就能堵住我們這些外人的嘴，被父母擋在門外。我眞的很想問，「那你了解你女兒爲什麼要自殺嗎？」

我無言，只能這樣說，「我理解做父母想爲子女著想的苦心，也許這件事情需要開個家庭會議來溝通，我不能也不適合做太多介入。」

我想起我的女兒曾經在成爲某韓團粉絲之後，跟我說她要學街舞，以後想靠街舞賺錢。我沒多說什麼，上網找街舞老師，然後付了學費讓她學了街舞，還好街舞課的錢和一般才藝課相比並不貴。過了幾個月女兒說不想學了，想學爵士鼓，於是我把原來街舞的學費拿去付爵士鼓。她才十多歲，正興致勃勃的看著世界，在我的能力範圍內我都願意陪她們試試，彷彿補償我沒機會去嘗試的才藝夢。

小希父親對我的答案還算滿意。我不得不說出一個可以讓父母尙能接受的答案，若我不這麼做，她的父母大概會把我當成企圖搶走女兒的敵人，若不能得到父母的基本信任，那麼我治療師的工作就無法展開。

但我心中想說的是，若不是仍舊有許多人執著於父母眼中「只是興趣哪能拿來當正當工作」的工作，我們社會中就不會有那麼多出色的年輕人拿下世界咖啡冠軍、麵包冠軍、調酒冠軍，台灣也無法在二〇一八年就拿下四座世界電競的冠軍獎盃。

我沒有標準答案，我只是很憂心。

我是小提琴家＋滑雪選手：陳美的故事

當我聽到陳美的故事時，心中很深層的東西被觸動，既心疼她又爲她高興，她的母女困境正是許多人在母女關係上的困境，而她近幾年的反動，也道盡了一個女兒想做自己的心事。

關於她的報導是這樣的——

「陳美的母親是華人律師、父親是泰國人，四歲時父母離婚，她隨母親至英國並入英國籍。在業餘鋼琴家母親Pamela的堅持下，她三歲學習彈鋼琴、五歲學拉小提琴。擁有超凡音樂天分的陳美，十歲已經可以跟倫敦愛樂樂管弦樂團同台演奏，十一歲拿到英國皇家音樂學院的錄取資格，十三歲成爲史上現場演奏柴可夫斯基和貝多芬協奏曲的最年輕小提琴手，十五歲推出個人演奏專輯《The Violin Player》，成功融合古典及流行樂，全球熱賣超過八百萬張。」

至此應該就是快樂的完結篇，從此過著功成名就的日子。要不是二〇一四年冬季奧運賽事，出現了「泰國滑雪選手陳美」，我們也不會知道，關於陳美另外一個不爲人知的故事。

她在接受英國《每日電訊報》訪問時表示，滑雪跟鋼琴都是她從四歲時學起：「大家看到我滑雪時都感到很驚奇，但其實從十四歲時起，滑雪就是我的夢想，這是我決心要完成的事情。我並不妄想能夠登上領獎台，我希望人們會接受我只想做到自己的最好。」

但是她的母親卻不這麼想，自小就全力栽培陳美，形同虎媽。陳美母親因為怕她手受傷不能演奏，後來便禁止她進行滑雪運動。嚴格的媽媽曾對她表示，花了那麼多心思為她建立事業，若因為貪玩而弄斷骨頭，甚至賠掉性命，那麼「投資」就化為烏有。陳美提及母親曾經說過，「我愛你，因為你是我的女兒，但只有在你演奏小提琴時，你才是我獨特的女兒。」

與他人過著大不同的童年，陳美需要承受的辛苦與犧牲，我雖不能親身體會，但可以想像，要付出多少才能換來日後的成功，而且也試著想像小陳美是怎麼承受這一切。

當她長大後想為自己爭取更多自由，不想讓母親角色與經紀人角色重疊，她在一九九八年時解除母親的經紀人職務，沒想到媽媽大受打擊，兩人從此關係交惡。在陳美決定用生父的國籍參賽、完全不理會母親當年禁止她從事「危險運動」的禁忌時，她的母親更加生氣。也許是當年母親的禁止，讓她內心更渴望滑雪，在二十多歲之後決意要追求想要的生活。

當她參加二〇一四冬季奧運時已經三十五歲，也是代表泰國唯一的女選手，她在參加滑雪超級大曲道比賽當中排名最後一名，不過這不算最差，因為還有十五名選手未能完賽。不管是比賽前或是抵達終點的那一刻，她都受到許多媒體包圍、報導，比第一名還風光，她賽前也預測自己將是最後一名，不過她一點也不介意「我沒有摔倒……非常高興！」可以說是最快樂的最後一名。

陳美，她的另一個名字是叛逆，但那背後需要莫大的勇氣。到底要花多少力氣，我們才能找到自己的樣子？在還沒有十足能力做自己的時期，我們也許必須等待，如果夢想值得等待的話，一定可以等到那一天。

在奧運之後，陳美母女當然有後續故事，至今母親仍拒絕和她見面和解；陳美雖然滿足了自己的夢想，卻變成一個不快樂的女兒，揹著批評母親的罪惡十字架。雖然有人說，沒有陳美母親的用心經營，陳美哪有現在的成就？不過把女兒當成自己的事業來經營，以愛為名的理直氣壯，卻讓女兒一輩子活在陰影之下，這份私心我無論如何都無法苟同。

9 不典型的力量

以孝順爲名的傷：女人不該man，男人不該娘

性別議題是傳統家庭觀中最大的挑戰，只要子女與父母的信念牴觸，再和諧的家庭就像紙包不住火似的爆發開來，無法再假裝是一家人。

不管是門診的案例或是身邊親友、朋友的朋友，他們父母的態度都是否認的多、接納的少（相對的，手足接納度反而很高），即使精神醫學早已明定同性戀不是疾病、不需要治療。太多怒氣沖沖的家屬到診間告訴我們，他們以前那個可愛的孩子變了，需要我們來「糾正子女的行爲」，我們很無奈卻無法向他們言明，需要幫忙的其實是父母自己。而來求診的同志眞正苦惱的多半不是感情或工作，而是更深層的家庭傷害。

假兒子眞女兒：長褲女的故事

長褲女是我門診中同志個案的縮影，集合了許多「她」的故事。與她的晤談至少有半年時間，這段期間我遭遇到最大的困難是她的壓抑，她無法順暢的說出心裡感受，每每讓我有撞牆的挫折。奇怪的是，即使如此她仍然每次依約前來，表示這樣的晤談對她來說應該有意義。

她最常有的表情是苦笑，不管在敘述以前父母的態度，或者現在生活，或者我自顧自的整理出對她的觀察報告，那不置可否的苦笑成爲她唯一的表情。

一開始她說的是工作上的苦惱。她做的是工程類工作，這類型工作的女性本來就是少數，但被規定要穿裙子可就有些不近人情了。她並不想要穿裙子，平日倒還可，她可以藉口穿裙子不好去工地爲由繼續穿長褲，但遇到每年幾次的大型會議閃躲不掉，只好拿出唯一應付用窄裙穿上。

「穿上裙子我就不會走路了。」大熱天的，長褲女一身深色系帥勁打扮，腳踏登山靴，明眼人一看便知，所以工作上的苦惱只是她生活苦惱的一部分，也反映在她多年的睡眠障礙與情緒低落。當然我也毫不客氣的直切最敏感的話題，我想如果她的苦惱與家庭有關的話，一切就解釋得通了。

「我十八歲就離家到同志酒吧工作了。我曾經因爲不想穿裙子而被老爸毒打，高中承認自己有女友時被老爸威脅要趕出家門，所以就離家了。我爸是很傳統的人，根本沒辦法接受這個，他不是打就是罵，我們沒辦法相處，我是直到他過世後三天才回家。」

「沒有好好照顧父親我很內疚，他畢竟是我父親，所以那次之後我就重回到家裡了，至少我還可以照顧到母親。」即使無法讓父母接受，她還是想盡爲人子女的責任，但這背後還帶著罪惡感，可能有彌補或贖罪的成分。

這種感覺令我爲同志身分的病人或朋友感到很難過，他們並沒有做錯什麼，即使是偷竊強盜都有可能得到父母的原諒。但，只是愛上同性別的人呢？連做子女的權利都沒有了。

「我母親比較能接受我，至少態度上不像我父親那麼可怕，但是她會一直說些傷人的話。像她就會一直很自責的說：『都是我的錯，把你生成這個樣子』、『我前輩子一定有做錯什麼才有報應』她還會逼我去相親，說『妳結了婚就會正常了』……。」

我聽了心想，這算哪門子的接受，以退爲進的貶抑最是高招，態度溫和不代表眞接納，母親的慢性折磨讓她失去活力，甚至讓她失去做人的價值，即使想要好好的去愛一個人，也不斷質疑自己是否有能力做到。

長褲女有一個交往一年的女友，大她十多歲（這點又成爲母親不爽的原因），平常長褲女住女友家，只在週六日義務性的回去探望住附近的母親。這不就是她回家的目的嗎？不想再有像失去父親的遺憾，但母親的言論太有殺傷力，只能與母親保持最安全的距離，讓自己平常得以喘息，讓母親也有抱怨的空間。母親生活上很依賴她，別人假日都安排出去玩，她則是當母親的司機，母親說要去哪裡就去哪裡，算是盡點孝道吧。

長褲女很勇敢，雖然所追求的不是父母能夠認可的，卻也一直沒放棄，很辛苦的活著。所以她過得很緊繃，感情不太順遂又要同時承受母親的疲勞轟炸，兩邊都希望她可以多付出些什麼，一邊是不傳統的感情需要經營，另一邊是母親既輕視她又需要她，把女兒當司機，卻無法接受女兒也可以是兒子的事實。

而她所能做的，就是勉力顧及兩邊。假日需要回家時，開始央求她的女友可以一起回家，往好的方向想這樣可以兼顧兩邊，而且較年長的女友也識大體，可以理解她的爲難，並不排斥去和可能是「未來的婆婆」互動。

所幸，這兩個人眞正互動過後還不糟，她們三人甚至可以一起出遊，想是只要不碰觸敏感話題，應該還能夠維持表面相處吧，而且寂寞的母親需要陪伴，眞正的兒子不在身邊，有個「假兒子」也比沒有好，何況還附贈一個體貼的「媳婦」哩。

這就是我的聲音：花美男的故事

花美男的形象與長褲女一樣也是一眼便知，是另一個許多「他」的故事。尖細的嗓音，緊身的衣褲，扭著腰走路，非常突出的特質。有一回他有事來找我，我安排他到一間空著的會議室稍稍等我忙完，我才出來不久，一個莽撞的助理拉著我說：「他是誰啊？怎麼聲音這麼娘、這麼噁心？男生怎麼會有這種聲音，眞的很受不了！」

我覺得很尷尬，因爲會議室的門沒有關，也許他都聽見了，不過我想他應該也習慣了，活在這個不友善的社會。

和許多同志的家庭氣氛一樣，他也有個過度嚴肅與僵化的家庭，表面上做什麼好像都可以，假民主的外表；實則要迎和父母的期待和暗示（又是哪種「看你啊、我尊重你，但最後仍要聽我的」的假民主），生活規定瑣碎嚴苛，「爲了每天要喝足兩千CC的水，可以從早到晚絮絮叨叨提醒個沒完。」花美男這樣告訴我。

「我家一家人都怪，父親跟他自己家人就合不來，像是活在自己的世界裡，去年以前奶奶還在時，過年吃飯大家會維持表面的樣子，但也不會玩牌聊天什麼的，就是意思意思吃個飯然後大家就快閃，等我奶奶去世時家族就不一起過年了。」

「我父親脾氣固執，只照自己的意思做事。他信教信得很深，今年我外公去世時他就已經說他不拿香，也不要我們拿香，奇怪我們拿不拿干他什麼事啊。去參加喪禮時親戚就只要求他雙手合十就好了，沒想到他也不願意，我很生氣，什麼都不做那來幹嘛啊？眞的很誇張。」

「更誇張的是我母親，儘管私底下會抱怨父親把我們當他的財產，但還是一直當我們的中間人。我跟父親沒話說，父親有事都透過母親來傳話，每次我媽說『你爸說』的時候，我就很不耐煩，他有事就不能直接跟我說嗎？」花美男的父親沒膽子直接問兒子的性傾向，可能心裡有懷疑但不敢明著問，會碎碎念他的聲音太尖不夠男性化，然後派母親來探底細。他心裡清楚他們不希望他是。

「有一次重感冒，聲音變得很沙啞很粗，我母親居然跟我說：『你眞正的聲音終於出來了。』我眞的很生氣，我這聲音不也是你們生的嗎？連聲音都不能接受我，別的就不用說了，爲什麼不能接受我這個樣子？」

花美男甚至很認眞的思考，是不是該去動個手術、改變聲音，給父母有個交代，然後他們就會比較開心了？我很訝異花美男居然動了這樣的念頭，想要委屈求全只爲了讓父母好過一點，這麼鴕鳥心態也解決不了什麼，就像老公外遇然後老婆去隆乳想要挽回老公的心一樣，大家都知道不是那麼簡單解決的事。

性別議題，早晚要面對

這兩個都不是典型的兒子女兒，卻要面對典型的傳統家庭價值觀，不能應付處理的，只好先閃再說，起碼當前不必面對，心裡好過一點。但又能逃多久？有一天不得不面對時該怎麼辦？

另一例則是提早面對。這個個案帥妹早在國中的時候就出櫃，高中就交女朋友，一開始父母還以爲小孩子愛玩不懂，久了態度既嫌惡又排斥。

父親個性比較溫和，較關心帥妹，對帥妹的性取向採取容忍、安撫的方式，母親則態度較批判，雖然母親自己身爲社工人員（社福人士在面對自己家人的性傾向時，似也不見得理智與包容，專業身分不敵家人的角色），但更爲批判與攻擊性，無法理解帥妹的世界，批評她軟弱，易受朋友影響。

原來的她是非常欠缺自信，覺得自己什麼都不是，只會讓父母失望而已，在女朋友面前也常常垂頭喪氣，說些「我們不知何時會分手」的話，後來我與她聊，發現她對未來生活其實很有想法，只是沒有被支持鼓勵，至少她小小年紀就有膽子出櫃。很有愛心的她會關心變性人議題，收養繁殖場的棄犬，想作助人工作。當參加完一梯次團體諮商後，她漸漸地不去在意別人說的每一句話，試著去表達內心感受而不是憋著。帥妹漸漸理解母親的態度無法改變，想通了這點之後一切都輕鬆了。

直接迎向問題，看看接下來會發生什麼。帥妹現在不會隱藏她的同志身分，每次回家時不再畏畏縮縮像做錯事，看電視時會直指同性戀議題發表意見，大聲的支持性別平權，說同性戀結婚本來就是人權等，父母對她的改變瞠目結舌，反而支支吾吾的答不上話，這很有幽默感，因爲換她給父母震撼教育了，有時候她會在話中摻雜「我女朋友說……。」母親一時語塞，只能回她「妳玩夠了沒？」她藉由偶一爲之的挑釁來增強父母的「抵抗力」，我覺得也許只有這樣的猛藥，才能讓她的父母面對他們自己的問題。

10 沒有母愛還是可以學到愛

情緒是雙面刃，傷了母親又傷了孩子

負面的情緒是一把鋒利的刀，傷了自己又傷了家人。許多人情緒生了病不自知，把力量轉向家人，刺得家人滿身是傷。尤其無辜的孩子哪裡懂得大人之間的愛恨情仇，於是概括承受了大人所給的傷害。每當想起之前遇到的這些孩子，我心裡會想：現在的他（她）過得還好嗎？

某個母親來找門診醫生看情緒困擾問題，卻在醫生推薦、但自己不太情願的狀況下來做心理晤談。一開始她訴說自己的問題：「我的情緒容易失控……我很想控制好自己的脾氣。我會打我小女兒，她乖也打，不乖也打，有時候氣起來下手可能重了一

點……。」（她吃上家暴官司，這也是她不得不求醫的原因）

這樣的覺察沒有持續幾分鐘，爲了不讓自己難堪，於是話鋒一轉：「我也覺得自己怎麼會這樣？像我大女兒就很會察言觀色，不會這樣惹我生氣……。」

「因爲我那個小女兒啊，頑劣，壞胚子一個，愛說謊，好吃懶做，跟她老爸一個德性！」把七、八歲的娃兒形容成「好吃懶做」，已經是過於明顯的投射了。不久前，她的前夫因爲外遇劈腿而跟她離婚，母親把對小孩父親的恨意歸咎在孩子身上，然後朝向「這孩子也有錯」來解釋，所以小孩的愛說謊，說不定只是怕被打。那個母親從那次之後沒有再來，我可以預料得到，有幾個母親願意面對自己的羞愧感？如果把問題推給別人，就不需要面對自己的羞愧，那麼有誰願意在外人面前訴說自己醜陋的一面？那位母親的情緒狀態還不至於強壯到可以面對這些。只是，這個孩子該怎麼辦？

我想起故事對象陳大姐，她在我眼裡是個傻氣的母親，不太會煮飯也不常煮飯，個性迷糊大而化之，常常睡過頭而忘了叫醒女兒，更常沒準備早餐，有時還要女兒提醒她冰箱沒有吃的了，可是她與獨生女的感情超級好。

這麼不像母親、有時候更像女兒姊妹的人，卻沒失去女兒對她的敬愛。我很好奇，她與女兒的良好關係到底是如何建立的？所以就格外注意她與女兒互動的瑣事。有一次她跑來告訴我：「我本來和女兒約好去資訊展幫我買電腦，可是當她一大早打給我時，我還睏得要死，根本忘了這件事還兇她『幹嘛這麼早打給我！我還要睡，妳中午再打來』結果就掛了她電話，她氣死了，因爲她告訴我要買電腦就要早點去，不然快中午的時候人會愈來愈多。現在怎麼辦？她生氣了不理我了。」

在我還不知道該怎麼辦的時候，她就馬上拿起手機：「喂，對，我知道你還在生我的氣，我要說，昨天對不起啦，我錯了，現在要怎麼辦……。」電話那頭女兒應該是很快就氣消了，因爲她們已經又另找了個買電腦的時間。我終於知道原因了，能跟小孩那麼坦然的說對不起，給了我不小的震撼，我沒看過能跟小孩子這麼乾脆道歉的父母，通常是用迂迴的方式間接表達歉意，如晚上做好吃的菜來彌補、多給些零用錢等，但小孩不一定接受這樣的歉意，因爲這是兩回事，父母多半不願直接認錯，孩子益發無法和大人坦然。

如果常認爲爲何孩子有事不和自己商量、有問題不講的時候，就得思考自己是不是犯了這毛病。

陳大姐不因爲自己是母親就擺出母親的架子，一個簡單直接的處理就可以避免與小孩的鴻溝，這讓我有些震撼——其實說對不起沒有那麼難嘛！大人有責任好好的面對自己的情緒，別對自己身爲父母的角色太有把握，以爲自己的決定對小孩都是好的，以爲自己的理智與情感可以切割得一清二楚，這樣的自大是對情緒缺乏自覺。

失控的母親，失落的親情：小芷的故事

小芷來自於不完整的家庭，父親在母親懷她時去世，母親已有兩個孩

子，無力撫養她，所以小芷一出生就被也有殘缺的家庭所收養。本來收養她是爲了去補這樣的殘缺，卻因爲家庭成員有某些理由而對她懷著恨意。小芷就是戰戰兢兢的在這樣的環境下長大。

小芷理應很不快樂，也許早就逃之夭夭了，可是她卻透露出溫柔且善解人意的氣質。環境沒有將她打敗，相反的，她像冬日的陽光那樣照得人暖洋洋的。

有一次她去有精神病患的長輩家作客，不巧遇上這病人正在發作，大吼大叫胡言亂語，即使醫院就在幾分鐘的路程，連家屬都束手無策，也許只能打一一九叫警察來壓制並打一套鎮靜劑吧！非護理出身的她卻有辦法用幾句安撫的話，輕輕牽著病人的手走進急診室，在現場目睹這一切的我永遠難忘。

「我母親在懷我的時候本來想拿掉我，有人介紹一對想要小孩的夫妻給她，所以我一出生就給他們了。我們住在很鄉下的地方，母親跟養父母住的地方也沒有太遠，左鄰右舍都知道我的情況，記得在念幼稚園的時候就常常有人對我說：『妳是別人不要的小孩！』所以我很小就很叛逆，小班時就會故意推人家，想讓人家注意到我。」

全家人都對自己還不錯，只有養母對自己不假辭色，說她難帶又愛哭。大班時養母生了妹妹，對小芷更壞了。有一次發了脾氣罵她不好好洗澡，說她很髒要好好洗乾淨，竟拿了把鋼刷來刷她，刷得又紅又腫，她的哀嚎聲引來奶奶的關切，奶奶從那次之後就幫她洗澡，但她告訴自己一定要趕快學會自己洗澡，沒多久她就堅持自己洗了。

直到念了國中，小芷還是難以逃離保守封閉的鄉下民風。那時的她充滿恨意，心思根本沒在課業上，每天只想著要翹課出去玩，看誰不順眼就想打誰。有一次她因爲不想寫作業而沒交作業，老師當著大家的面說「因爲你和父母不同種，所以作業不會寫是吧。」養父母家族叔伯輩的小孩功課都很優秀，有的還是資優生，無怪乎老師這樣嘲諷她。

在小芷還很小的時候，生母曾經帶著姐姐來偷偷探視過她，但她心中沒有感受到一家人的感覺。她想，如果是一家人的話，自己怎麼會在這裡？一個被親人遺棄的地方；親生母親來看自己的意義到底是什麼？她不知道。

就算有奶奶護著，養母還是很討厭她，稍有不順即拿她出氣，小學五年級時她開始懂得反擊：只要養母打她，她就打回去，還好養母嬌小，她很快就長得比養母高了，從被打的地位變成兩人互打。還好她們在「打架」時沒有別的家人在場，如果養母屈居下風沒打贏，應該也不敢跟其他家人吭聲吧，大人還打輸小孩？她也不說什麼，畢竟奶奶他們對自己還是不錯的。

她從養父、養祖父祖母身上得到了替代的愛。養父工作很忙很晚回家，但常常會幫她買好吃的東西；奶奶雖非親生，卻會注意她心情好不好，深怕她受委屈，有一次她被鄰居的男生猥褻偷摸，她第一個跑去跟奶奶說，因為奶奶是她可以信任的人。

國三時她遇到不錯的老師，不僅不會嘲笑她還會鼓勵她，不管自己功課有多爛都會叫她加油、有希望等。小芷漸漸看懂家裡的互動關係：養父和養母的感情其實並不好，當初領養小孩也可能寄望小孩可以成為感情潤滑劑，可惜並沒有成功。這是養母的第二段婚姻，養母的父母早逝，養母的前夫會對她暴力相向，所以她第一段婚姻所生的一男兩女都無法帶出來，可想而知養母再次進入婚姻之後的怨懟——無法照顧到自己的小孩，卻要去照顧一個不相干的孩子，怎能不把氣出在小芷身上？

養父已經忙於應付養母的情緒，她不想再增加養父的負擔，為了自己和家人，她早早就學習努力照顧自己，這也是家庭創傷的孩子早熟的原因，雖然有點殘忍卻也為以後打下生活能力的基礎，這是辛苦的孩子理當該有的回饋，也因為不愉快的童年經驗讓她選擇念幼保科，對孩子心生憐惜之心進而想做點什麼。

現在的她可以和養母相處，甚至會勸她如何與養父相處。我不知道她是怎麼讓自己辦到的，如何放下以前的傷痛？也許有些人生性樂觀，少根筋（尤其是愛計較的那一根），喜歡往前不願回顧，而這樣的特質，讓人們在走入家庭之後，又更強化其正向力量。小芷結婚後，對於新的家人，她這樣認爲：「我很依賴我老公，他不在家我就很沒安全感，只要他在家，不一定要在我旁邊，去別的房間做別的事也好，我就覺得很安心，所以我不喜歡他出門，可是他說過我給他很大壓力，這點我想我需要改進……。至於我兒子，我有很深的感覺是要保護好他，我要他過得比我自己好。」

對於婚姻有很多期許，知道自己哪裡有盲點，也了解自己該努力的方向，小芷的成熟是大她十多歲的我望塵莫及的。在經歷了反叛、爆發、和解，終能理解的歷程，帶著這樣的智慧走入婚姻，必定能穩穩的走下去。

11 都是為你好：社會期待的破壞力

很早以前，我的母親便將自己的遺憾轉化成對我的期待：成爲老師。無奈我太反骨，小時又遭受老師不當體罰，早就鐵了心絕不當老師。

大學要選填自願時，依當時的成績我知道母親殷殷盼望我填中南部的師專，一是學費低廉，二是「老師」這個鐵飯碗。但我早就決意要塡北部的私立大學文學院，學費雖貴但是父親同意出，母親不能奈我何。

許多教養迷思包括對主流價值觀的信服：現在學這個科系是好的，現在做這工作是穩當的，結果呢？我想許多父母在自己小時候受到這樣價值觀的左右，長大後都已嘗到找工作的苦果：電腦產業不盡然穩賺，老師不見得是鐵飯碗，現在的公務人員已經相當爆肝。

我並非故意和母親唱反調，而是知道自己不適合在體制內工作，一份預測得到退休樣子的工作，對我實在沒有吸引力，而且要我一遍又一遍教授同樣內容，我也缺乏這樣的耐心，但這些無法跟母親明說，對她而言我那些想法都是多餘，職業倦怠？哪份工作不是這樣；當老師有何不好？薪水好地位好有啥好挑剔。

這樣選擇的代價是，日後在學習上或職場上遇到任何挫折都要概括承受，不能與母親訴苦，否則就引來母親「誰叫你當初不聽我的」的責難。這和想要尋求感情獨立的代價是一樣的，想選擇父母不同意的對象，就得要訓練自己不依賴、不哭訴，不讓父母有「誰叫妳當初不聽我的」的藉口。

我努力的過程很長，有好多年的時間必須忍受著不被他人了解的質疑，獨自在職場上闖蕩，找不到屬於自己的位置，只能一邊忍受，一邊努力進修。

直到四十歲過後，我才有倒吃甘蔗的感覺，終於找到一份專業與興趣可以巧妙結合的工作，而且是彼此互爲養分，我終於能夠很大聲說自己樂在工作，而且想做一輩子。

堅持自己，拒絕相親：女醫師畫家的故事

這個很甜美的大女生是個醫師，這樣的身分會出現在晤談室裡有點罕見，醫師往往很難放下自尊坐在診間聽心理師分析，通常他們會覺得自己懂的不比心理師少。

這也是社會期待下的受害者，因工作之便我認識不少醫師，這個角色同時有許多藏在光環後的迷思：聰明，有能力，可以找到很好的對象，收入站上金字塔頂端。所以沒考上醫師執照的「醫師」、婚姻失敗的醫師、負債累累的醫師或生出智能不足孩子的醫師，就不會在我們的刻板認知之內了。

女醫師因爲感情上的創傷，很無助脆弱的坐在椅子上，也很想和女治療師談談難以對家人開口的部分。她的家人，包括父母、兄長，通通都是醫師，他們理智化、世

俗化的思考，沒辦法懂她。所以她願意跟我坦露想法，我十分感謝她的信任。

第一次見面時，美女醫師先告訴我，三個月前與同是醫師的男友分手，原因是對方劈腿。他們分手沒斷乾淨，line仍未封鎖，對方依舊時不時傳一些莫名其妙的抱怨，自顧自說想說的事情，不太關心她的近況與心情，透露出自私的一面，並說些只適合與同儕說的輕浮話，例如「以前眞應該上了那個女的」等等。

聽起來她對這段戀情並不留戀，那人品格也不值得多留戀，只是有些害怕糾纏不清。她開始提到因著這段感情結束而產生的另一困擾：她的母親。「我媽爲了這個跑去算命，算命的說我感情不好，所以她就拚命要幫我相親，說什麼對付失戀最好的方法就是趕快找到下一個好男人，這樣就會『很快』忘記之前的不愉快。我跟她說我現在不想相親，畢竟現在對男人很不能相信了，但她還是很積極的去安排，我又無法阻止她，眞的好困擾。」又是老一輩一廂情願爲子女好的邏輯，這困擾我倒是很可以體會。

想當然，自己的女兒是醫師，當然得和律師、醫師、博士等級的菁英份子才匹配。

我們第二次見面剛好是農曆新年過後，想必這段期間她也回了南部家中過年，大概也被逼著相了幾場親。果不其然，坐下來沒多久她就急切的跟我述說過年期間是如何被逼上梁山。「有一天我媽當天才告訴我，晚上已經約好了要相親吃飯，連對方長輩都會到，我說我不去，兩人大吵一架，於是我就大哭，哭到我媽都嚇到，最後是我哥去勸我媽不要逼我，這才暫時沒事。」

「不過她不死心，到了晚上就跑來找我『溝通』，不外乎是要說服我去交新男友，說什麼既然前男友可以劈腿，我當然可以去交新男友，依我的條件可以交到多好的男朋友等等，我很不喜歡她說『女人有家庭最重要』，所以長得好看，或者好的身分地位只是能拿到好婚姻的籌碼嗎？地位真的可以換來幸福嗎？我媽她只要說不過我，就會說『不聽老人言，吃虧在眼前』。」

這句話對我也異常熟悉，我母親也常頑強辯解、而她感到辭窮的時候丟下一句「你就是不聽老人言，以後一定吃虧在眼前！」然後憤然離開，這句話也成爲導致母女溝通註定爲平行線的原因裡，最關鍵的一句話。

「我媽是個很重視門第的人，我哥娶了護士她都不滿意，沒面子，認爲哥哥應該要娶的是和他一樣的醫師，因爲我們家都是醫師……。『小孩要平順，父母才有面子』，我實在很不以爲然，爲什麼面子那麼重要？我哥選自己喜歡的人，夫妻倆的感情很好，這樣不是很好嗎？」

「我不能理解的是，當初跟我男朋友交往時，我媽知道他也是醫師就很高興，一直鼓勵我們在一起，但其實在一起兩個月後我就想分了，要不是我媽一直叫我給他機會，我也不會撐了快一年。只要我想分手，她就會說我抗壓性太低，在感情上不努力，害我以爲自己眞的是這樣的人，只好一直拖著。」

現在的她不想依靠男人來證明自己的價値，除了藉工作度過情傷，也讓自己上畫室繪畫，休假時去郊外攝影，並且安排自己半年後出國進修。她偷偷告訴我：「我媽她以爲我只是去遊學一年，但其實我是要待兩年，我申請了一間藝術學校要去念繪畫。我媽她一定不同意，所以我打算先去了再說。」

她的母親現在只急切的想收集全世界夠有資格的男人，然後介紹給女兒讓女兒挑選，不管到底適不適合女兒。當然，作母親的絕對認爲這不是爲了自己，而是爲了小孩，讓小孩幸福有錯嗎？

她最後一次來找我時，一坐下來就嘻嘻笑著說，「我快要出國了，要過自己想要的生活了，終於不用穿得跟公主一樣了。」我這才注意到，對，她的確不一樣了，第一次來的時候臉上畫著精緻的妝，穿得很漂亮跟公主一樣，因爲穿得那樣好看來晤談的病人不多，大多人是休閒、甚至隨便的裝束，還帶著病容，所以我非常有印象。但現在的她，長髮只是隨便一紮，穿的襯衫牛仔褲也很普通，不過她看起來很快樂，眼睛裡有特殊的光。

「你開心就好」是眞的嗎？

我理解許多家長無不希望子女是醫生、老師、公務員，甚至是軍職的想法，很多是因爲父母自己也來自於老師、公務員背景的家庭。他們不希望子女受苦，想爲子女選一條安穩的康莊大道，但過度爲孩子鋪路的結果，反而充滿窒息的壓迫感，順從的孩子爲了滿足父母需要，勉強自己而不快樂；不順從的孩子則與父母產生衝突，也同樣不快樂。

精神疾病有來自於家庭的高危險因子，但不是你以爲的低社經地位，我所遇到過最多的就是充滿壓迫掌控的軍公教家庭。病房裡曾有個特別的病人，他來自於家族中有幾個醫生的知識分子家庭，想當然功課優秀的他也正往醫生的路上邁進，身爲牙醫的父親希望他成爲「眞正的醫師」，要比自己更好，不幸的是他卻在醫學院六年級時發病了——他全身僵硬不聽使喚，認爲腦袋裡有怪異植入物，有鄰居會對自己下毒……，情況實在不樂觀。即便如此，他的父母告訴我們，等他「好一點」仍舊要回學校繼續讀書。

他們無法接受兒子生病可能無法完成學業、無法當醫師的事實，那是父母不能想像的。他的母親常常透露，家族中的表親叔姪的某某小孩，成績有多好，事業有多成功，然後再補一句：「我不想給他壓力啦，只要他盡力就好。」

也許父母並不承認自己給孩子壓力，但身心反應不會騙人，再隱晦的語言，再不經意的動作，子女又怎可能不理解父母的期待？那種會一邊說「妳看舅媽家的孩子真的很爭氣」，一邊又說「我不會逼你、只要你開心就好」的不一致態度，會讓敏感的孩子無所適從。

許多所謂的「只要你開心就好」，背後的意思是「雖然很想對你有期待，誰叫你生病了沒辦法要求你，所以只好暫時放棄。現在只能讓你好好休養，放輕鬆，功課就不要求了，能畢業就好，等病好了再說。」這種無奈之下的妥協，不能眞誠的接受子女的樣子，只會造成子女更大的痛苦與逃離。

所以「你開心就好」是眞的嗎？父母眞的願意了解孩子會感到開心的是什麼嗎？有的個案父母會很不放心的跟我說，不能照孩子的意思去做，因爲孩子會偷懶，無所事事，只想一步登天……，我很想說，「到底你是不放心孩子、還是太看輕孩子了？」

對於孩子，我想說的是，我從不相信也不迷信什麼未來趨勢的工作，有誰能預測未來的生活？誰能預測商機？在跟隨潮流的同時你也失去獨特性了。只要與人有關的工作，而且是自己有興趣、願意花心力時間去學習，並克服困難的東西，一切努力都會值得。

【第 3 部】

成年之後更多的理解，改變與關係重建

12 不良夫妻關係，母愛大扣分

我們在成年之後開始進入許多「精采」的關係，並藉此對照自己的家庭關係，例如看到別人父母與夫妻互動的樣貌，再回頭看看自己的家有多不一樣，原來母愛會扣分是有原因的，其中的大扣分就是母親的夫妻關係。

此時的我們開始有些不同。以前沒有能力、無法逃，現在有些能力，可以爲自己做點什麼，想的也有些不同，特別是和家人不一致的想法。

我們對於愛的表達始終有「卡卡」的感覺，這是因爲沒有正向經驗、沒有累積足夠愛的能量，因爲父母親感情不睦影響了對子女的愛，子女也無法從家庭氣氛中學會好好的愛，原來的家庭成員彼此傷害，失去練習機會。不過對外人則有重新來過的無限可能。

有個約四十歲的老闆娘告訴我，從婚後她的青春都被綁在店面裡，她這個老闆娘當得一點都不快活。「我先生是個自私的人，因爲夫家就是這樣，要我顧店卻沒有幫我辦勞保，只給我生活費一萬塊就算是薪水了，我養三個小孩哪裡夠，跟他講也沒用，他是沒買過菜不知菜價米價，說我不懂得省錢，所以不夠的都是我來貼，這十幾年來光開銷就貸款幾十萬了……。」婚姻的抱怨永遠都無窮無盡。

她開始下定決心不要這個爛婚姻，最近也正在辦離婚訴訟搬出了這個家。長期以來她對婚姻的麻木與失望，也影響了與小孩的互動氣氛：好不容易放假不必顧店時，她只想在家睡大頭覺；光養活他們就夠累，根本沒辦法聽他們談心聊感受；念高中的大兒子很早就抱著電腦宅在家，女兒則有她自己的世界，缺錢時才會來找母親。

搬出這個家幾個月了，這位母親傷心的說：「小孩這麼大了，也不會打通電話來問我過得好不好？好像我這個做媽的一點都不重要。」她那兩個青春期的孩子忙著做自己都來不及了，哪有辦法顧及母親的心情。我想，她的辛苦與委屈，小孩並非看不見，而是早已經練就自我保護的色彩，從小就看盡父母吵吵鬧鬧，若要不受影響不被捲入，也只好學會了麻木不仁。

抱怨老公的母親，無法盡的孝道

許多已成人的孩子告訴我，從小看父母互動、刀光劍影的，早就麻痺到不想再管，如果雙方沒有打到需要報警驗傷、申請保護令，通常身爲子女也只能無奈的袖手旁觀，更小的時候會躲在棉被裡、衣櫃裡哭泣；再大一點，則是生氣、厭煩；再大一點則是門外自有一片天。更何況子女所有的力氣都要拿去應付外面世界，因爲父母不是好範本，所以哪有辦法再回頭安撫家中二老？在這樣的背景下，身爲當事人，怎能奢求有個氣氛和樂的家。

一個母親怎能奢求，在無窮無盡的抱怨之餘（抱怨先生有多不盡責、婆家有多無理苛刻），一轉身，就冀望孩子給予擁抱與微笑，因爲你脆弱到需要孩子挺你，甚至要孩子給你肩膀。這不是挺荒謬的嗎？

如果子女不是上述我所說想抽離、逃避的樣貌，而是會介入、被捲入父母關係的無辜子女，那麼很少心理狀況不出問題的。

太多在婚姻中受苦的母親又讓子女受苦，但自己卻不自知。某位即將成年的女兒告訴我，多年來即使和哥哥、母親同住，但兩人都無法和母親互動，因爲離婚的母親多年來就扮演怨婦，說自己有多辛苦帶大他們；然而其實她很早就得學會煮飯、洗衣、自己簽聯絡簿，因爲母親歇斯底里起來連照顧她自己都有問題。她最受不了的是母親的要脅：「妳一點都不關心我、一點都不在乎我！」（這應該是對先生說的台詞，怎會到女兒身上？）還會傳割腕的照片給她，看了只覺得反感厭惡。漸漸地她已經冷漠到不想再理會母親的情緒戲碼，只要母親在家，她就想逃；一畢業，她就要立馬搬出去。

和小柔的境遇一樣，這樣的母親連同住都是勉強，在這階段想做的事情太多，母親的羈絆更多，只有暫時離開才有辦法。那無法逃離的家人該怎麼辦？「哥哥很可憐，他不像我可以搬出去，因為他還要養我媽。」自從父親離家後經濟重擔就在哥哥身上，他必須從早工作到深夜，才有辦法付得出房租，並給母親一萬塊家用，哥哥實在沒有餘力也沒有心情再和母親說說話「培養感情」了。

她說她要轉讀軍校或警校，那種有供食宿，有書可讀，又可以拿錢回家的地方。我理解她並不是想眞正離開，她仍想用自己微末的力量減輕家裡負擔，嘴巴上說不想管母親，心裡還是記掛著，只是暫時拉條封鎖線，面對目前無法改變的親子關係，往後退一步。

我的故事對象酷妹則是另一個例子。

在她小學放學回家時，常看到的畫面是：地上各種碎片以及在客廳哭泣的母親。父親教給孩子面對父母爭執的態度是「這是大人的事，小孩不要知道太多、不要管。」於是常常想把孩子趕到樓上房間，不要過問。但母親的態度截然不同，她要孩子看到她們的父親是怎麼對她的，孩子常常在父親叫她們上樓去的同時，被母親叫住：「妳們不准上去，給我留下來，看看妳爸的德性，看看他是怎麼對不起我的……。」

於是酷妹和她的姐姐站在樓梯中間進退維谷：「那現在是怎樣？我們到底是要上去，還是要下來？」

父親看似理智，母親看似抓狂，但這難道不是夫妻相害的結果？父親長年屢屢外遇，解釋了母親爲何要抓狂。心碎又無所依靠的母親只好企圖抓住孩子，把孩子當作籌碼，常常在酷妹旁呢喃耳語：「說說世界上誰最疼妳的啊！」小時候的酷妹不懂，總覺得媽媽好可憐；長大後就厭透了，厭透他們死都不離婚，也厭透原來覺得可憐的媽媽把自己搞得一蹶不振。

等到酷妹念大學終於可以名正言順的離家，大一有了想交往的對象時，她就向對方言明，大學畢業就要分手，不然就拉倒，對方也同意了她的條件（想必那時天眞的以為在一起之後可以改變她）。等到大四時酷妹開始暗示對方：時間快到要準備分手了喔！但無風無雨的戀情沒道理說分就分，於是在對方一點準備都沒有的情況下，酷妹在畢業之後頭也不回的離開了，真正冷酷到極點。

後來酷妹透過共同的朋友才知道，離開之後對方痛苦了很長一段時間，她沒想到自己竟然傷對方那麼重，以為已經把話講得夠清楚了：「不是已經說好畢業就分手的嗎？是你不遵守規則的啊！」

等到快三十歲時她又有另一份新戀情，回首以往的感情關係才知道自己的病態，已經不再相信「關係」能夠長久，因為看見父母的相處模式，讓她不敢去愛，這也就是她現在坐在這裡和我晤談的原因。

誰說父母的關係不會影響到自己，誰說父母的關係不會是你的關係？那種影響不是離家就能切割的。當自己也即將踏入一份關係，若無法從過去母親的陰影中醒悟，傷害將如影隨形，絲毫不放過自己。

父母的樣子，自己的影子

至於我自己的父母，小時候眼裡所見是他們夫妻關係的長期冷漠與衝突，早就互相把愛磨光了。吵的主題不是錢、就是錢衍生出的種種問題：誰跟誰借了錢、誰又不給誰錢……。錢，永遠是家庭中理直氣壯吵不完的話題，加速磨損所剩不多的感情。

小學時代我曾到過一個有虔誠信仰的同學家，她家的模樣跟我家比起來，差不多都是小康程度，角落可能還有家庭代工之類的箱子，有點寒傖但簡單舒適。記得當時是下課去玩，她的母親帶著微笑招呼我們，沒多久她的父親下班回來，很快跟我打過招呼後，一隻手上拿著一匹布（那是一個只有家庭洋裁，沒有什麼專櫃的年代），另一隻手從她母親背後環抱著說，「這布不錯買來給妳做衣服，妳該做件衣服了。」她的母親假裝生起氣，說幹嘛亂花錢，要買也得先買小孩子的之類的，然後兩人就拌起嘴，而我同學笑嘻嘻的站在旁邊，一副見怪不怪的樣子。

怎麼會有那麼充滿愛意的家？好直接也好肉麻，我看都沒有看過。長年以來我都蝸居在公寓四樓的家，家庭成員就五個，也沒有什麼親族往來（我覺得不來也好，來了也是要借錢），過年過節都是大眼看小眼，沒有打牌，沒有聚在一起的家庭娛樂，若要勉強的說，也只有圍著一台電視機看著無聊的新春大拜拜，但開關的主導權操在父親手裡，只要父親想轉台，不想看的人就只能回房。

我不記得母親有抱過我，或者摸過我的頭。至於父母親之間，冷漠佔了百分之七十，激烈爭吵佔百分之二十，剩下的百分之十是尚能講些家庭瑣事。

印象最深的是有一回全家走在街上，心情好的母親難得想要挽著父親的臂彎。平常都是母親跟在父親身後默默的走著，父親身上有日據時代遺留的本省男子威權影子，總是板著臉當嚴父，夫妻平日互動也喜怒不形於色，更沒有節日送禮或體貼的明顯舉動。那日母親想挽著或牽著父親的手，稍稍超前和他並行，輕輕的牽了他的手，沒想到父親像是被電到一般，急忙甩開她的手，臉上似有一絲嫌惡的表情。不用看，母親表情一定是十分失望與傷心的。

小時候在家裡吵吵鬧鬧的印象中，原本就相敬如「冰」的父母愈來愈沒有夫妻間正向的親密與交談，我幾乎沒見過他們有好好講超過三句話的時候。他們各買各的菜，各煮各的湯，互相嫌棄對方買的食物，如果家裡夠有錢的話肯定會有兩個冰箱。我可以確定他們分別都很關心小孩，但不確定他們是否還關心彼此。

母親唯一能跟隨的，就是附和父親的政治傾向，只有附和並贊同父親的政治觀點，父親才有與母親講話的興頭，那興頭即使僅止於政治，也勝過什麼都沒有。所以每到選舉，即使電視政論節目吵吵鬧鬧，父親滿腔政治熱血有時跟著憤恨開罵，母親總是「很開心」的坐在客廳裡聽父親的高談闊論，只有那時候，兩個人才暫時放下對彼此的成見，砲口一致對外，而且可以相當有默契的罵我們子女不關心政治，台灣人不知台灣事。

在兩人都是本省人的身分背景下，一起批評國民黨政權就是他們唯一的交集。很不幸的，這強化了母親刻板的省籍情結，讓我在和我的外省籍先生交往期間到婚後吃足苦頭。

母親既想認同父親，又恨父親，於是我們便成爲她複雜情緒的發洩管道。她既不喜歡我的外省老公，也對我們自在又無話不談的夫妻關係感到嫉妒不已。

有個約六十歲很有教養的女士告訴我，她對先生沒有太大的不滿意，先生辛苦工作，在大陸做到很高的職位，性格開朗樂觀，對太太又大方，她是否煮飯或做多少家事，先生都不會介意，「妳想做就做，妳不想做就不用做。」唯一令她很介意的是，如果全家一起出門用餐，隔壁桌沒人的話先生就會去坐隔壁，或者和她隔了一個空位。

這令她很不舒服，明明是夫妻，卻去坐隔壁不知道是啥意思？和她隔了一個空位，難道她會吃了他嗎？他把自己當外人嗎？一直以來這都是心中的疙瘩，這個女士不斷說服自己，先生只是需要較多的自由，不想被黏住的感覺，而且她貼心的女兒們見到此幕會直接跟老爸說：「你這樣對媽媽很沒禮貌！」

我猜想，他們夫妻關係早出了問題，只是不想面對，身體距離難道反映的不是心理距離？看似沒有衝突、沒有人做錯什麼，但兩個女兒都已經表明不願意踏入婚姻。

所以夫妻相處的品質，對子女的情緒照顧有決定性的影響。子女把一切都看在眼裡，許多不期待婚姻、不想結婚也不想有孩子的子女，其實是透露出對父母婚姻的無奈。

13 擺脫中產階級的家庭包袱

許多個性看似四平八穩、教養良好、父母皆白領的家庭，有更多社會期待與包袱難以放下。當家裡出現問題了，很難向他人啓齒，更不要說求助，這反映在我許多開心理治療院所同業朋友的工作上。

在健保體制醫院中工作的我有點難以想像，居然有不少人願意負擔每小時兩千元以上的自付費用，去私人診所尋求更多幫助，在隱私性夠高、不必排隊、沒有病歷審查的地方，謹慎的吐露自己一點一點的心事。

這些家庭的心事有點尷尬：自己的家裡不該有問題，有房有車經濟無虞，別人打工揹學貸，我卻可以念私立，沒有資格說有問題。什麼都有了爲什麼還會抱怨？爲什麼還會覺得寂寞？

丟開家暴的包袱：背包小姐的故事

「背包小姐」字面之意即是行動力超強、個性獨立的女孩。我對她的印象就是外在矜持有禮，看似溫和但很堅強，彷彿不會輕易流淚，是同齡女孩當中少見的超齡成熟。我與她僅認識半年，保持常打屁但也僅限於打屁的程度，是可以相處、但不會黏膩的關係。

這次的訪談是我在臉書發出邀請時，她主動報名的。在她堅強的外表下，有著一言難盡想藉機抒發的強烈動機，引發我想更深入聆聽她的好奇。

背包小姐來自中產階層的公務員家庭，父親是國文老師，母親是公務員，兩人現已退休，她的教養背景讓她一直循規蹈矩，自我約束到不曾讓父母擔心，所以她想藉由述說來讓自己喘息，讓自己一點一點地離開父母（自述現在只離開了三分之一），然後可以去冒險，再也不用顧慮別人。

「我的父母，如果分開來看對小孩的部分，都還好，但兩人的關係合起來就很恐怖了。母親個性傳統，順從父親，個性也固執（所以在爭執中因爲不相讓而屈居下風）；父親個性古板，對子女的要求我覺得不算嚴苛，他算尊重我們的意見，只要我們能爲自己負責，努力做出成績就好。但他不懂得和家人溝通，有情緒都發洩在家人身上，尤其是母親身上。」

所以背包小姐的父親遇到小孩不乖、不服管教這種事一律都是以「揍老婆」來發洩，而且常是當著孩子的面，彷彿要對小孩提出另一種警示作用，這比直接打在小孩身上更讓背包小姐挫折。至於怎麼打老婆，背包小姐以沉默來表示，我則不好再問了。

和老婆意見不合、小孩不聽話等，這些生活挫折也許不怎麼開心，但也算是尋常家務事，若非情急或長期累積的不滿，實在很難想像這些事情要立即用拳頭解決。只是先生在個性與情緒出了問題，加上縱容先生發洩方式的妻子，才會形成這樣的惡性循環，這樣的母親不可能OK，只要她不制止先生動手，孩子都無法承受這樣的父親或母親形象。

從她有記憶以來就看著母親被打，直到念高中爲止。一個本該受尊敬、盡職守分的爸爸竟然動手打媽媽，那對他原有的尊敬該如何是好？這種認知上的衝突無法得到協調。她承受著來自父親個性上的任性與自我，以及母親忍耐之下憤恨的情緒：「都是你們！若不是你們我早就離開了，早就可以自由自在。」

一方面她想成爲保護母親的那個孩子，但又厭惡母親的唯唯諾諾；一方面她又沒辦法眞的憎恨父親，畢竟父親只對母親動手而不是對她。這樣的她，變成一個完全承接父母雙方情緒、無法表達自我感覺而情緒內藏的人。

哥哥性格較不服從，也不積極（另一種定義是懶散），也許是用這種方式來抗議父親對兒子的期待，或者表達對家庭氣氛的不滿。「有一次哥哥高中考完後要塡志願，那個晚上我就知道不用睡了。我本來就早睡，十點多就睡了，我老爸就把我叫起來，說『誰都不准睡，通通給我起來！』連媽媽也是，我和母親都很無奈，心想那關我什麼事，可是我爸認爲哥哥考不好，家人都有責任，要一起開家庭會議……。」

此時父母當然不會去細想，養出消極擺爛、甚至刻意不要符合他們期待的孩子，是不是自己的期待出了問題？更無法再進一步聯想，是不是夫妻雙方互動也影響了孩子？反正怎麼樣都是子女的問題。

只有把問題丟給子女，便可以繼續怪罪孩子下去，不必承受面對婚姻的難堪，反正子女是無法逃的。

我也有和背包小姐相似的故事：

弟弟考高中那年成績不理想，那時我正在讀大學。成績公布當晚父親暴跳如雷，我正在房間端著金庸小說看得津津有味，心想那是老弟的事情，完全不知家裡的氣壓有變。父親突然怒氣沖沖的進來，在我還感困惑的時候，抓過我手上的金庸然後撕爛它，看到桌上還有幾冊也一併撕了，罵道：「別以為你念大學有什麼了不起！」我被罵得莫名其妙，當然也覺得委屈。當時老弟硬是要跟在我屁股後面看金庸，我提醒過他功課比較重要喔，無奈他個性也硬不聽勸。我不恨老弟，卻對家裡這種重男輕女的思維感到厭惡。

高中時老弟還是愛玩，母親會怪我：「弟弟成績不好為什麼你不能教一下？」（天知道第一類組的我要怎麼教第二類組？）同樣的，母親也怪罪我「自己結了婚就不必管姐姐的幸福」（姐姐尚未有對象），我不懂為何自己過得好，就該負責家人的部分？我的好難道不是自己努力得來的嗎？我們不都該為自己負責的嗎？

我與父親冷淡的關係（與母親則是不斷衝突的關係）直到我要結婚才有了改

變。婚禮上父親並沒有顯出難過不捨的樣子，但新居開始裝潢時父親每日必到工地巡一巡，向工人遞菸買便當飲料，新居完成時到處摸摸弄弄，把櫃子邊角修圓，在熱水器旁貼上「小心高溫」字條，深怕我晾衣服沒保持距離，我才開始確切感受到父親沒有說出口的愛。

在背包小姐高中以後，他的父親就不打母親了，母親利用她來抵制父親的專制，背包小姐已經大到可以反駁父親，母女關係的緊密是建立在背包小姐的「以前是保護者，現在是照顧者」互動上，她無法真正離開，她說以前最害怕「母親有一天會走」，這個家會破裂，母親的威脅有一天會成真，所以盡其所能的不給家人添麻煩，儘量安撫家人。只要她乖巧，父母彷彿會依舊存在這個家裡。

她短暫的抒發方式就是拿起背包隨時出發，出國充電，這個冠冕堂皇的理由是父親允許的，一個月、一星期都好，只要能暫時離家不用扮演女兒角色。我問她現在最想做的是什麼？她淺淺的笑著說：「晚上不必回家。」偶而可以夜宿不歸、夜遊，什麼都好，沒機會有青春期的叛逆，能這樣也算是了吧。

雖然每個家庭的孩子都有各種遺憾與不滿足，但像這麼單純如同「我想吃個烤牛肉堡」的願望，卻是背包小姐此刻最想做的事。

簡單的愛與社會地位無關

「我開始了解父親實在不懂得與人相處，無法體會他人。他過度傳統與古板的性格，讓我實在不記得他那邊的親戚誰可以跟他要好？」背包小姐說，父親用蠻橫來依賴母親，而母親雖然依賴自己，可是背包小姐內心清楚，其實母親想依賴的是那個早已離家的哥哥。近年罹癌的母親常常需要跑醫院，雖然她都陪在身邊，可是母親總仍舊不死心的問：「你哥呢？你哥怎麼沒來？」

「哥說他不想來。」她很想這樣回答，但不想母親失望終究沒說，有一天她也要讓自己也一點一點的離開；她從父母身上學到的是，中產家庭有屬於自己畫地自限的包袱，而背包小姐想學會掙脫這些禮教與身分的限制，像出走的背包一樣輕巧，說放下就放下。

相較白領家庭莫名的矜持與教養，另一個來自低收家庭的女兒對於母親純粹不帶觀點的愛顯然十分能領受。

「我母親是領有殘障手冊、智能不足的人，她不懂得如何表達關心，甚至不懂得如何照顧我，不過我知道她是愛我的。」

領有輕度智能不足身心障礙手冊的母親，智能水準大概停留在小學生階段，也許她會烹飪，但只會簡單的炒菜類，無法做出費工精緻的料理；可以做簡單的家事，但沒辦法布置與裝修，當然她也無法敦促孩子的功課。這樣的母親不能給她物質上的滿足，生活的一切也僅能達到基本需求而已。

「當我開始看精神科，壓力很大，狀況很不好時，她當然不知道我看的是哪一科，跟她說她也不會懂，但我還是保持每周固定回家看她的習慣。不過即使我不說，她也會觀察我最近不太對勁，會比平常更像小時候那樣摸摸我的頭，有時我跟她說，好了啦別摸了，她還是會一直摸。」

「除了會摸摸我的頭，她還會去傳統市場買一大袋便宜餅乾，然後叫我帶回家吃。我早就不吃那些零食了，可是每次回家她就買好一大袋、一大袋等著我，一直塞到我面前……。我知道她是好意，那是她表達關心的方式，她不能幫我解決問題，但看到她那麼努力想要關心我，每次回家，就覺得又好一點了。」

「我家是低收入戶，從小就領社會補助，要看他人臉色，所以當我懂事、長大之後，我絕對不准別人瞧不起我媽！我跟當時想娶我的老公說，如果你不能接受我媽，那就是不能接受我，沒什麼好談的。我老公這點還不錯，一直以來都支持我，也很放手讓我照顧我媽，也是盡責的女婿。」

她很有自尊，努力的爲媽媽撐起一片天。她可以理解，即使媽媽什麼都不懂，飯菜只是弄熟弄熱而已，煮得並不香，無法教導她人生大道理。但媽媽用最純粹、沒有雜質的愛來包圍她，這裡面沒有金錢、沒有應該、沒有社會標準，只有最最直接的付出。

我靜靜的聽，心裡很感動。愛，可以那麼簡單，爲什麼書念得愈多，付出就變得愈有附加條件、格外艱難？

14 擺脫傳統倫理的枷鎖

小時候的我就很固執鐵齒，別人說往東，我一定要往西，即使是說服我往東北也不願意妥協；所以在看到大人的行徑不一定可以成為孩子的榜樣之後，我亟欲擺脫這一切，找到屬於自己的新世界。

這是有原因的。兒時的我常被罵六親不認，因為母親罵我都不和難得來訪的親戚打招呼，叫叔伯阿姨什麼的。問題是，他（她）是哪位啊？有的我見都沒有見過，那些說「妳小時候我有抱過妳啊，妳忘了？」的說法眞的好瞎，比眞蝦還瞎，襁褓中的孩子能記得長輩們的尊容嗎？別鬧了。

我以為，長輩應該要先自我介紹，沒道理要晚輩先打招呼，更何況我不知道該喊什麼，喊阿姨？嬸嬸還是姑姑？我曾因爲猶豫著不知道該喊哪一種，又被父母罵了：「妳連喊什麼都不知道，書也白念了。」莫名的被指責，這不是長輩該教我們的嗎？

於是我板起臉孔裝酷，就算被罵也裝作不在意，心裡對於親族之間送往迎來的交際場合十分排斥，從小在父母因爲親族金錢糾紛吵吵鬧鬧之下長大的我，對於非常偶而、難得的親戚婚喪喜慶場面只會覺得虛僞，不自在。

母親試圖用倫理道德的泛泛說法怎可能讓我服氣，只有讓我這個不受教的小孩更加暴走，更加桀傲不遜。

挑戰舊有的「應該」，重新思考

很多由「應該」累積而成的傳統概念，不知道甚麼朝代開始形成，即使已經受到挑戰，仍有些人奉行不渝，並用自己的意識再加以解釋，形成不容外人質疑的鐵則：「不要問爲什麼，反正就是這樣！」

遵循倫常之下的家庭就一定正常嗎？年紀到了就該結婚，結了婚就該有小孩，最好一兒一女；人人都該有一份「像樣」或「穩定」的工作（所謂像樣或穩定指的是什麼？定義不明），子女都該奉養父母……。可惜我見過許多十多年不互相說話只傳紙條的夫妻，住隔沒兩條街卻老死不相往來的兄弟，還有更多是父（母）親早年離家，棄子女於不顧，等年紀大了病了、倒在路旁，路人報警送醫後，警察來通知早年形同被遺棄、後來長大的子女要去某間醫院探望與領回，這該怎麼領回？這個家早就已經沒有他（她）的身影了。

如果我們對於「家」的概念不再如此執著，是不是就不會再有執著的痛苦？擺脫束縛，按照實際的、想要的方式來過？

女人的折損，女人的心理病

「男尊女卑」（或重男輕女）這個極度政治不正確的字眼，表面上我們已看不見，但你仍舊可以在生活發現其存在。

當年我生下了第二個女兒後，銷假回醫院上班，某位門診助理問我：「你第二胎生男生女生？」我很開心的回答：「又生了一個妹妹。」我掛在臉上的笑容還沒消失，助理居然自言自語補了一句：「就怪自己的肚皮不爭氣哦！」我簡直難以置信，難道我不該因生女兒開心嗎？對方毫不掩飾的價值觀眞讓我瞠目結舌，驚訝到居然沒有立刻反擊。

後來知道那位助理晚婚、努力懷孕而得到一個兒子，無怪乎得意若此。我一直很想搞清楚，女人對「重男輕女」、「男尊女卑」的態度，如何侵蝕著女人的自尊。

當我在「萬般皆下品、唯有讀書高」氣氛下的家庭裡，成爲學歷最高的人之後，有時卻是母親的遺憾：「如果這個會念書的孩子是個男的（最好就是弟弟）就好了。」

這遺憾背後是矛盾，是邏輯上很難講清楚的事。母親一方面覺得自己當年欠栽培（只能念到初中），要不然也有條件去當老師（說自己當年成績很好的事至少講了八百次），一方面又要讓自己接受「男人有成就是應該，女人則不必」的觀念。

母親最常提及的得意事之一，就是有一次為念小學的我送便當到學校，小學生一見到她便舉手答禮說：「老師好！」母親好開心，直說自己當天只是隨便穿穿，還被誤認為老師，可見得自己的氣質和老師也相配。

「老師」，是她所能認知女人能做到的最好工作了，再往上進階的世界就是她無法想像的了。對於我後來從第一類組畢業、轉戰第三類組的研究所時，她無法想像亦沒有興趣知道。不知念到研幾時，有一天談話間，母親問我念的不是中文研究所嗎？我回：「不是，是心理研究所。」母親訕訕的說：「都搞不清楚你在幹嘛。」

母親當年渴望更好的學業與成就，她認為機會只有一次，失去的學業與青春一去不回，她只能認份的做好長女、妻子的工作，直到她不再有生活和經濟負擔。約在她五十歲之後，有一段時期我們子女很積極（想想也很天真）的鼓吹母親去進修：「妳不老是說自己欠栽培嗎？那現在就可以去念補校，去念你想要念的啊，社大什麼的也都有很多種課可以選。」

不過她已經動不了了，也許已經從失望變絕望，她早已經不想動了，即使還不算太老，做什麼都應該還有點餘裕，但母親已經全然放棄，那種「反正這輩子就是這樣」的無望感，母親還在世時我常常可以感受到。

外婆身上也瀰漫著同樣的無力感，那也是她老人家還在世時，我唯一能感受到的。在外婆晚年，我們曾同住幾年的時間，都市小公寓不是她熟悉的鄉下四合院，她幾乎不出門，應該說連移動都很少，她最常做的一件事就是發呆，拿張小板凳坐在走廊上，除了偶而必要的吃飯、如廁，她可以從日出坐到日落，跟個雕像一般。我記得當時母親也像我們這樣勸她的母親：「妳就出去走走啊，公園就在附近，就學其他老人家做做運動啊，不要老待在家裡。」

母親比外婆好一點的地方是，照顧剛出生粉嫩可愛的孫女是她僅剩的活力來源，除此之外，那種對人生已無可改變的宿命感是一樣的。不斷複製下來的女人經驗，也讓我驚覺一定要想辦法顚覆與擺脫。

或許性格也佔了一些便宜。我這個做女兒的天生反骨，做事情要先問「爲什麼」，這些傳統觀念的束縛通通成爲我反動的來源。年輕時的我格外不屑那些聯誼時想著台清交、聯誼過大學生就要找研究所聯誼的女生，我自傲的想：「國立大學我自己來念就可以了，就算不能念國立大學，搞不好可以念國立的研究所。就算都不能，也不代表我以後不會教到國立大學的學生啊。」我下定決心要靠自己，自己成就自己賺，不要嫁給有成就的男人陪襯他，然後自己什麼都不是！

這樣獨立強悍的個性，所往來氣味相投的異性朋友註定不典型，包括有許多同志朋友，以及個性上必得是不具威脅性的草食男，遵守「女男平等」；那種會說「政治妳們女生不懂」的臭沙豬，馬上會被我打入十八層地獄。

婚後我生了兩個女兒。第一個女兒的誕生是家裡長期淡漠氣氛下的一股暖流，傳統上老大是女生，也被賦予「可以照顧弟妹」的典範，所以她在眾望所歸之下出生，身爲孫子輩的第一人，可說是備受長輩寵愛，男尊女卑的差異在此也暫時無影無蹤。第二胎我還是懷女生，但並不太擔心「次女的命運」會再次上演，因爲老二有我這樣的娘，而我絕不會讓這種情況再發生。

當然家裡會有些期待與小失望，但由於孫子輩內外有別，如果可以的話母親更期待剛結婚的弟弟可以生個長孫。於是我這胎在「有比沒有好」、沒得挑的情況下迎接她的出生。

母親依舊很疼愛第二個外孫女，同時開始殷殷盼望弟媳的肚皮，時常對我說：「我有預感這次是男的！」、「已經有兩個女生了，所以這次『一定』是男生。」奇怪的邏輯，我冷眼旁觀，心中想的是別打老天爺的如意算盤了。

果然老天爺有感應到我的念力，弟弟這胎依舊是女生，我可樂了，偷偷跟先生說：「你看，這就是報應啊，愈是重男輕女的人愈要好好修煉這件事。」

這幾年關於子女性別的新聞，都會引用二〇一一年英國對於子女數與性別的研究，指出幸福指數最高的家庭組合，第一名就是擁有兩名女兒。

此研究針對數千名有十六歲以下孩子的父母進行調查，結果發現父母幸福感最高的性別組合排名分別是：兩個女兒、一子一女、兩個兒子。根本不必去特別理解這研究的信效度，因爲我及其他擁有兩個女兒的朋友們已經點頭如搗蒜。

女兒，多美妙的禮物啊！我不只一次告訴我的女兒們，我擁有她們十分十分的幸運與幸福。當母親還在世時，她常看到我擁著女兒左親右抱，一臉陶醉滿足樣。有一次她忍不住笑著說：「妳很滿足厚！」我回答：「那當然囉！」

我母親也有兩個女兒，可惜我沒有被擁在懷裡的印象。

我很期待母親在三個孫女的圍繞下，能夠將執著慢慢放下，可惜過沒兩年母親病重，沒機會感受孫女、甚至女兒圍繞身邊的種種好處，只能留給家人慢慢體會了。

跨越禁忌，邁向現代新女性

許多對女性莫名其妙的貶抑，長久浸淫下就變成「傳統」，然後就變成只可體會不能言傳的部分。爲何我生理期來不能進廟宇？爲何女人不能上漁船？女人不能清理神桌？這些關於污穢、觸霉頭、不潔的聯想，是如何與女人連結在一起的？男人難道不是從那神聖的洞口出來的嗎？我既不解也不苟同。

與朋友至廟裡拜拜，如果有人提出「生理期來不能進廟宇」的論點，又提不出此論點的根據，應該說，如果膽敢說出類似「髒」的字眼，一定被我鄙視到極點：沒辦法說服別人的事爲何要遵從？

「對女人的汙衊必定是出自於某種恐懼，也是出自於既得利益者的地盤心態。」現在的我會這麼想。愈是這樣，愈顯示女人的力量強大，強大到對手必須搞些神魔化的名堂來打壓。

幸好大學的我受了四年的文史哲學習，理解有些良善觀念是普世價值，傳統觀念並非全是老掉牙；眞正該反省的是世俗中被刻意扭曲的倫理觀，被似是而非的解讀，不容許被挑戰的觀念才眞正可怕。

所以只要保持好奇，不害怕去挑戰，或願意被挑戰，那麼女兒們才可以眞正擺脫過去的束縛，找到屬於自己的新生活。

15 擺脫角色的束縛

值得慶幸的是，原生家庭對我們的影響並非一輩子牢不可破，成長的過程一定有不同的人事物刺激，自我的感受也會慢慢清楚，然後漸漸修正爲想要的樣子。

來晤談的個案老是擔心過去的經驗會伴隨著他，不敢相信有一天不會再受家庭創傷經驗影響。我常說，「什麼事都值得相信，就像你以前也不會相信，自己竟然有一天也會來看精神科。」這話一向能引起對方無奈的笑，然後談什麼都有可能了。

我覺得沒什麼事是不可能的，只要願意相信、愈快相信就愈能辦得到。

有時候我會這麼問個案，「想想自己五年後的樣子，你想要怎樣的生活？繼續現在的生活嗎？」對方通常猛搖頭，我只是更直接挑明了對方的渴望，只要眞的想改變，現在開始拿出行動力就行了。

當等待改變的想法積聚成塔時，就靜靜等待好時機。改變也是一個動力過程，因爲不只是我們自己移動，整個家庭也因我們的移動而有所不同。家庭成員就像不同氣壓與氣流，自己的流向改變，其他家人怎能不受影響，除非老死不相往來。

我逐漸向外發展、想藉由學習找到力量，這股新氣壓會不會對家人有什麼影響。有一次我問姐姐，自己的學歷會不會對她有壓力？也許手足的成就會成爲另一個手足的壓力。姐姐很乾脆的說：「很好啊，家裡總算有個會念書的，反正我又不愛讀書，書給你念就可以了，我才不會有甚麼嫉妒咧。」

老姐也曾經爲了迎合「公務員是鐵飯碗」的父母價值而嘗試去考試，沒多久志趣不合而不了了之，最後還是憑自己的摸索找到穩定的工作。老弟更是狂放到不受父母控制，想念的科系不會受到父母的意見而動搖（他的狂放與我的叛逆不同，他的狂放是充分被給予的自由，而我則是掙扎著要逃出。）當他想塡「建築系」時，父親曾對他要念五年、而且他「會繪圖嗎？」十分質疑，後來問了我的意見（想必我的意見開始受到重視了），我的看法則是「他想念就讓他念啊」，所以最後也就去念了。所以我的我行我素也並非對手足沒影響。

當母親癌細胞轉移至腦部時，甚至出現了意識混亂的譫妄現象，也出現失智，近期記憶逐漸流失，認不得一手帶大的小孫女，記憶退化到從前，只剩下最穩固最想記住的部分（我的名字也在裡面失去了）。大腦回到原始的想望，她開始瘋狂的找父親與弟弟，一看到我就急著找弟弟，非要有弟弟的陪伴才安心。每日的放射治療因為會有十分鐘躺在黑暗的治療艙，常使得母親十分焦躁，要哄她也是用「妳不乖弟弟就不來看你」來要求母親配合。

我因地利之便，當然能每日探望、隨時出現，但弟弟因工作關係，要他隨傳隨到則有困難。然而他感受到母親忽略我的程度，有一次很嚴肅的對母親說：「你這樣不可以，不可以『重男輕女』喔。」母親眼神空洞，像個小朋友一樣很乖巧的「喔」

了一聲，我雖然一方面覺得「你這個白癡，老媽都病到頭腦不清了，你還跟她說這些。」但心裡卻很欣慰，母親對男女角色的執著，並沒有造成我們手足間的負面影響。

我有時很姊姊，我姊則像我妹，我弟有時也很哥哥，我更在多數時間很不女人，而這些都是我們想要擁有活得更彈性、不被任何一種角色絆住的自由度。

擺脫角色的義務與責任

母親出生於本省的大家庭，排行老大。對她來說，身爲長女的遺憾就是不能繼續讀書當老師，她有她該盡的責任與義務，默默承受的母親其實並不快樂，但又不知道該如何解脫。

她內在有一部分是想給女兒念書的自由（完成她當年無法完成的夢），但又無法擺脫對女人應盡義務的要求，有時變成作繭自縛、獨自生悶氣的情況（因爲女兒並不乖巧順從）。

以前她常常邊做家事邊生悶氣，我感受到只要我們在家，她做家事一定是氣呼呼的（可能我不在家也這樣），伴隨著碎碎念：「我這樣做到死算了」、「妳們一個個都懶得要死，看妳們以後（嫁人）怎麼辦？」其實她想要的是女兒可以自動自發的做家事，不需要任何的提醒，可以看出她的需要而隨時幫忙……，前提是她希望我們可以「洞燭機先」的知道她的需要，不必她開口。她不想開口：「爲什麼要開口？老娘我累得跟佣人一樣難道妳們『看不出來』？這還需要特別講嗎？要講的話乾脆就不要妳們幫了。」我並非眞的無感，一方面是身爲人類懶怠的劣根性，另一方面知道自己是不做被罵、做了也被罵，即使做了之後被罵的音量比較小，還是寧願多一事不如少一事。

母親的想法跟我的溝通哲學有所違背：需要跟愛一樣，都得說出來才能讓人明白，別人不是自己肚子裡的蛔蟲，自然無法猜得到。專業的心理晤談技巧訓練也提醒我，要設法讓個案說出自己的需求，說得更多可以被了解、被討論，而不是埋在心裡變成種種刻板的「應該」，愈積愈多，最後糾結成一團化不開的愁，侵蝕自己的健康。

她的家事只需要女兒做，兒子不需要，因爲「他功課（工作）很多也很累」應該要休息，這終究是性別不對等的議題，加深了對女兒義務性的要求。

當我年紀稍長，漸漸讀出母親心思與同理其感受後，踏入已婚姻多年的我願意在她一邊叨念下一邊做家事，對於那個叨念，我的解讀是，「感受到被支持、有人可以傾聽，所以可以放心叨念」的安全感，她叨念的對象轉向媳婦：「她應該要主動幫忙做家事啊」、「她應該要知道我很累啊」，母親的那些「應該」又加上對「媳婦應盡義務」的認知，無法理解別人的想法跟她並不一樣，反而會責怪「爲什麼別人想的會跟她不一樣」，註定了她不被了解的痛苦。

因爲是外人，母親格外不敢得罪媳婦，即使心裡不滿，也怕媳婦委屈，媳婦買的東西甚至是浴室放的肥皀都不許我用，擔心媳婦心裡不痛快。這樣過份小心翼翼的結果，反而把自己推向了不可能被了解的黑洞。

主婦的強迫症，唯有看清才能解脫

有很多母親用許多自訂的家規來顯現自己的重要性與權力，以家務爲業的母親們更是。外界有太多對「家庭婦女」這個字眼刻板、不友善的印象，如「在家比上班閒」、「不懂賺錢的辛苦」、「在家沒事就該把小孩帶好」等，使得這些辛苦無法被看見的母親們深感不安，只好歇斯底里到發展出這樣的症狀，藉由對家務的病態要求當成情緒的出口。

不夠有自信的母親當然也深受此害，必須按照她的意思來切菜、洗碗。身邊的朋友曾告訴我，她曬個衣服一定要遵循母親大人的意思來做，衣服正反面、內外衣晾不同桿，不這麼做就不行，唯有這樣母親才能得到掌控感。

我在門診遇過許多十分焦慮的母親。有一次接到一個新手媽媽打電話來哭訴，她搞不定寶寶，明明尿布換了、奶也喝了、背也拍了，也逗了一陣子了，爲什麼還是啼哭不止、不願好好睡覺？她快要發瘋了！我感覺情況不妙，希望她能來門診一趟，可是她說：「我出不去啊，家裡現在沒人，我一定要帶著小孩，可是我覺得外面很髒，寶寶會生病……。我知道我太緊張，家人都這樣勸我，但我無法不緊張，先生一回來我一定要他在門口就換下外出衣服，然後去洗澡，才能抱小孩。我先生想要我放鬆，會帶我們去度假，可是我住到飯店裡，明明飯店很高級，我就會擔心浴室毛巾很多人用過，會不會留下愛滋病毒之類的；洗衣機也被我一直用一直用，我先生現在把洗衣機鎖起來不讓我洗了……。」

過去的她是在證券業服務的職場粉領，那麼高壓縮時間的工作也沒讓她發展出強迫症狀，卻在進入家庭、當了媽媽後，發展出屬於焦慮的強迫症。一切看似很理所當然的家務卻無法自在，她開始認爲自己好差勁，連基本家務、帶小孩都做不好，對自己存在的價值產生動搖，只得讓自己固守非得這麼做不可的清潔行爲，想轉移自己內在的焦慮。

另一個母親養育兩個過敏兒，也同樣有過度的整理與清潔行為，並且深為睡眠障礙所苦。不管我多努力要她從緊繃的生活方式中稍稍鬆動，她就是不斷和我抗辯，拒絕改變任何現有的部分，每個部分她都找得出不能被更動的理由：「我不能不好好洗碗啊，一定要用清潔劑洗過再用熱水燙過，就怕有細菌，妳知道他們過敏起來有多麻煩嗎？一直流鼻涕流到黃鼻涕了還不止……。」她總找得到說服自己的理由，拒絕正視自己的情緒，於是我放棄了：「如果你一直要這麼堅持，那麼你的睡眠就很難有所改善。」

她聳聳肩，露出無奈的微笑，她了解她的堅持正是她的焦慮來源，「我不可能不擔心啊。」母親們把她們的擔心，建造出一個企圖掌控一切的小小迴路，一定要先這樣、然後才那樣，達到她所要求的；一旦短路或被中斷就會引發強大的焦慮，只能等待迴路被修復，沒考慮過放棄迴路就可以擁有更大的自由。

擔心的背後也可能是自卑與不安全感。母親去世前幾年，不安全感與行為固著達到了最高點，她固守自己的小小世界，嚴格規定我們淋浴間的水不能灑到浴室的地板上，我曾反駁：「小孩子洗澡怎可能不打濕？濕了再擦乾不就好了？」引來母親的不快；菜不能翻揀挑選，下箸後就必須夾起來吃，否則母親老大不高興；擦碗盤只能用A抹布不能用B抹布，而且不能用紙巾，因爲太浪費。有一次我要幫母親切高麗菜，粗手粗腳的我嫌菜頭梗礙眼，就順手要扔掉，沒想到母親氣極，罵我浪費，我辯道：「妳要我幫忙就要用我的方式啊，而且現在高麗菜也便宜，菜頭太硬了丟了有什麼關係。」這下更踩到母親的地雷，直指我的忤逆。

固著於雞毛蒜皮的細節，要求家人必須按照自己的規矩走，試圖維護自己的小小世界，家人若有不從就扣上「不尊重我，不在乎我」的大帽子！我只能選擇順從或不順從母親，無法更動她的內在規條。

我不願因小失大，重視細節之後反將家人愈推愈遠，洗碗掃地曬棉被等日常事不過是呈現了自己的個性，也呈現了問題。所以從小事觀察，亦能有助於看清事實。

16 和解是可能的嗎？

一輩子傳統的母親，固然帶給自己與女兒很大的桎梏，卻並非沒有改變的機會。從過去而來的母親，只是沒有未來世界的參照標準，未必是她不想改變。

我這個離經叛道的女兒帶給母親最大的啓發應該是，交往多年的男朋友仍舊是可以分手，女人不必從一而終，而再抉擇過後的選擇也許更好，即使她並不喜歡我的男友二號、現在的老公，但我們仍舊過得比她想像的好，這是她沒有、也無法理解的經驗。

我常與個案女兒們討論，如果我們願意給母親們機會，願意更主動帶領，也許就有可能不一樣。如果不讓她們靠近，發現新的選擇，又怎能責怪母親不夠瞭解自己？

這需要鼓起莫大勇氣加上多年的磨合，十分辛苦，因為觀念的扭轉與改變不是一天兩天就做得到，不過總得試了之後才會知道。這個接近母親的機會有可能幫助我們和解，至少母親不會再那麼執著。

我自己並不算成功，過了多年依舊是兩條平行線，不過至少我努力開拓了認知上的彈性，挑戰她的刻板印象，讓她看見不同婚姻的風景。

而小敏竟然只用半年就可以和她的母親重新接上頻率，想必她內在強大的改變磁場感染到她母親，而母親對她的愛也不被過去觀念所困，小敏的改變更促發了母親的改變。

女人不一定要嫁掉：小敏的故事

我初見小敏時，她是一個剛滿三十歲、沒有如願把自己嫁掉的傷心女孩，因為在打算結婚時發現男友劈腿了，不過她不敢和家人說真相，只說今年暫時先不結，婚紗預約和喜酒都先退訂，她想再給彼此半年的時間，看看兩人到底還能不能在一起。

不想說的理由，是希望在不要受到干擾之下好好想清楚，而不是被家人逼著作決定，因爲家人基於保護她的立場，一定會說些傷害對方的話讓她無法好好做決定。

撐了一陣子，因爲受不了老媽與外婆幾乎每天逼問：「好好的爲什麼突然不結婚？不是交往的好好的幹嘛要後悔……。」而且，老媽連婚宴的衣服都準備好了，一切就等水到渠成。她受不了一個人要承擔這些問號，只好全盤托出對方有外遇，沒想到說了之後問號更多，「有外遇？外遇對象是誰？做什麼的？男朋友爲什麼要劈腿？一定是跟妳在一起太無聊，所以才會劈腿……。」

「我哪裡知道啊！我忙著處理自己的情緒都來不及，哪有辦法應付妳們的八卦和無盡的想像？」小敏在回憶這段時忍不住大叫起來，母親那邊已經默認未來的女婿，不能想像煮熟的鴨子居然會飛。

她們對婚姻單純的相信，既然在一起就要結，而且一定要結，所以可以交往好幾段感情的豐富情史不在她們的認知範圍內。

母親想不通未來女婿爲何這麼做，於是只好試著在小敏身上找答案——也許她不夠溫柔，不夠好，所以留不住老公。一直以先生爲榮，認爲自己的家務工作不重要的母親，自卑自己對家裡沒有實質的貢獻，常常會用以下的價值觀來灌輸小敏——

女孩子不能先有後婚。

老公不能幫老婆洗內褲，這樣很過分（倒過來卻可以）。

女人賺的錢少所以要做家事。

小敏的母親是傳統社會下的長女，基本上是按著外婆的期待長大，善盡照顧弟妹本分但不快樂，因爲只有要求沒有呵護；不過在小敏母親身上就有一件不那麼傳統的事，就是小敏的父親是母親看上的，而非接受外婆的安排相親結婚。

母親雖然也盡力教育小敏成為另一個懂事的長女，但小敏喊卡的這段感情似乎也喚醒了母親體內不肯完全認命的成分。

女兒執意放下三十歲就要結婚的束縛，拒絕長輩的介紹，小敏的母親看著女兒一點一點的改變，雖然不懂女兒到底在堅持什麼，但她感受到女兒不想依賴他人的力量，喚起她內在「不傳統」的部分。

小敏告訴我，在她眞正分手後半年之間，她去學了空中瑜珈、獨自去旅行、做了三份兼職工作（原來只是為了療情傷設法把自己弄忙，沒想到愈做愈喜歡），漸漸地痛苦減少，放開的笑容變多。有一天媽媽突然對她說，也想去國中補校重拾學業了。

她的母親過去常認為自己讀書不多，並因此自卑，做個盡責的家庭主婦只是本分，沒辦法肯定自己，所以一直以為準備著小敏結婚後幫她照顧外孫，也是該盡的義務。

但這個算盤打錯了，期待小敏結婚的希望破滅，母親開始思索不帶孫的日子該怎麼打算，想念書的想法受到小敏進一步的鼓勵：「妳不會的，我可以教你。」也許小敏的勇氣觸動了母親應該去嘗試的開關，辛苦大半輩子犧牲掉的東西，現在有機會補回來。

現在小敏的母親入學也念了幾個月，很努力的學習，並開始緊張自己能不能如期畢業。她們比以前更親密，是兩個獨立的人可以互相鼓勵支持的親密，而非過去相依相害的情緒配偶。我很羨慕這樣的新關係，小敏與我相似的感情故事，卻有不一樣的結果，只能說我母親的觀念已經根深柢固，而我也不願意多花時間顧及她的感受，以至於平行線終究沒有相交之處。

只要讓步就沒有衝突

每個想解套的女兒自有一套應對母親的方式，對我來說，只要不「應嘴應舌」就是最大的讓步。

過去的我像大砲，只要一聽到不合理的要求與說法，就急急辯解與駁斥，母親剛烈的個性是無法接受這麼赤裸裸的挑戰，所以我倆之間常常煙硝瀰漫。由於身受重男輕女的餘毒，什麼女人該做家事這類的話我當然是十分聽不下去的，女男平等魂作祟，說什麼也要把這說法踩得扁扁的。

母親大概常被我氣到七竅生煙，因爲我連一點餘地都不留，即使我能忍住不回嘴，也必定也滿臉不屑，頭也不回的離去。學了心理學，知道同理的重要性不在於遷就別人，而是放過自己，就漸漸的可以讓自己停在當下，不總是逃避母親說話。

當聽出母親那些關於女人該如何如何的內容是有脈絡可循，是出自於她作繭自縛的宿命時，我也可以不再那麼激動，而在態度上讓步。

但讓步不是接受，而是消極的不配合。我無法接受你的觀點，但我不在當下表態已是顧全長輩的顏面，這已經是我能做到最大的讓步了。

母親並不是沒有因我而調整，以前因爲無法辯過嘴尖齒利的我而氣急敗壞的說

「我這麼做都是爲妳好」、「妳就是要聽我的」，到後來便放棄堅持，因爲再說什麼都沒用，我什麼都不願聽她的，寧願自己去碰撞摸索，像是永遠與她反方向的馬車，刻意與她想要的反方向奔馳。她怪我是最會頂嘴的孩子，卻也莫可奈何。

母親到了晚年，對我的態度便較少憤怒，多了一些和顏悅色，部分是她的寶貝兒子長大後並不如預期的順己意，娶了老婆之後，與她價值觀的迥異，更讓她不得不認清「兒子已是別人的」。失去可依靠的情感伴侶與被孤立，多少也讓她回頭注意這個會回家的女兒，我從頑劣的女兒變成母親偶而可以訴苦的對象，她偶而也招呼我喝愛心煲湯，跟向來外食的兒子相比，我是個更實際的存在。

看起來我們已經休戰了，雖彼此不認同但不必爭吵，我可以傾聽但不給意見，我懂身爲母親與女人的辛苦，也對她執著多年想法依舊不能被撼動分毫、走不出自己的牢籠感到無奈。那就這樣吧。

對我來說，這份關係到了後來，情緒必須抽離，才不會因爲母親的訴苦而有太多波動，母親漸漸的像我服務的個案，當我被傾倒更多情緒垃圾時，我只能不介入不主導，除了傾聽之外什麼都不能做。與個案不同的是，我不能單方面結案，不能喊卡，不能拒絕，也改變不了什麼。

母親去世後半年，我在門診評估一個比母親小一歲的長輩，一見她的髮型與長相有四五分像母親，我的心突然揪了一下，因爲那愁苦的表情更有七八分像，霎那間我被攫入很深很深的黑洞，無力又無法掙脫，似乎可以感受到母親與那位母親的人生，是張走不出去的網。

17 如何向關係喊卡

設下停損點，停止被剝削與踩踏

喊卡並不殘忍，只是要停止繼續在傷口上撒鹽，不這麼做的話要怎麼談痊癒？

高教授是個很棒的典範，爲了隱其資料暫且這樣稱呼，當然也改寫了情節。她花了許多年才讓自己站穩，二十多歲時就看精神科，那時原生家庭的傷仍在淌血，脆弱婚姻又建築在不良的基礎上搖搖欲墜，兩者的重力幾乎壓垮了她，在工作上險些成爲被辭退的「不適任教師」，還好她不想放棄，很努力的找出解脫之道，終於在十多年後擺脫藥物，眞正讓心裡平靜。

我分享她的故事是爲了縮短受傷子女們的復原時間，給有類似遭遇的子女一些勇氣，下定決心拿出行動力，讓她這些年的辛苦有價值與意義，沒有白費。

高教授的故事是個「白手起家」的故事，所謂的白手起家，是指她一路走來沒有任何和目前背景有關的優勢，自己的父親很早就過世，母親依賴哥哥而活，兩個姊妹很辛苦的在社會底層掙扎，經濟困頓。她在家族中的學歷最高，工作最穩定。

這是絕對勵志的故事，不是因爲拿到學歷好棒棒，而是讀書這件事。她曾告訴我，讀書可以增加自我價值，她在書中找到答案並得到力量，因爲她的人際疏離，對人有信任危機，無法建立尋常朋友的社交網路，只能與自己共處，唯有從閱讀、聽心靈成長講座、參加各種療癒課程（在團體裡她也不主動，想當一個安全的邊緣人），知道有許多和她類似遭遇的人默默在各個角落，她就不再覺得孤單了。

不能說的秘密：高教授的故事

高教授在小時候就被哥哥性侵，約從三年級到五年級這段時間。

詳情就不說了，我也不忍多問，那幼小心靈到底是怎樣的創傷？也有幼女的我連想都沒勇氣往下想。她告訴我，她以爲哥哥只對自己下手，沒想到在逃離家之後，發現姊姊與妹妹都是受害者，但當時傷痕累累的她根本無暇和姊妹們一起療傷，大家只好各自承受。早在事情發生之初她就告訴母親了，但母親拒絕相信，幼小的她又不知道該怎麼措辭才能表達性侵這件事，也許表述的力道不夠、用字無法精確吧，母親要她不要亂說，只好閉上嘴巴。

母親是傳統思維底下的受害者，只一味討好家中唯一男人，長子，因爲那是母親老後的依靠。後來的她終於受不了，小小年紀就準備叛逃（說小也不小，受傷的孩子馬上就蒼老了），小五那年的某一天，她到老師家作客之後就再也不肯回家，老師似乎感受到某些異常的事，於是也默默的讓她住下來，一直到國中期間她就寄住在老師家。

「老師一定知道些什麼，只是我不想問，也許她有問我媽，也許沒有，我不想去問是因爲我猜得出答案，那答案如果說出來會很傷人，所以不如不要問。我很感激那位老師的接納，也不逼問我什麼，那時她的子女都已成年搬出去，有空房間給我住，而且也有很多很多書，我想我喜歡閱讀這件事應該從那個時候開始。」

母親默許了個案離家外宿這件事，也給了該給的生活費，但母女倆很有默契的不提這件事，彷彿不提就沒有發生過。不過偶而還是得回到這個家，逢年過節，某家人生日，仍是要演一場家庭和諧的戲，她很盡力配合演出，也以爲這樣對大家最好。

唯一覺得不忍的是，她的姊妹似乎無法眞正逃離，每次家族聚會必定很順服很配合的出席，高教授很心疼的說：「我覺得她們都被我媽洗腦了，也認爲配合我哥才是對的。」妹妹更是直到現在都與哥哥生活在一起，像母親一樣非常依賴哥哥過日子。妹妹結了婚後來又離婚，回到這個最初傷害自己的地方。

姊姊國中之後也逃家，不過卻沒有她幸運，一個人在外面很辛苦的過著，悠悠蕩蕩也沒個穩固的居所，她只知道姐姐的近況是當洗碗工，有時也必須仰賴娘家的接濟。而她，在哥哥也失業之後，成為唯一有能力接濟家人的人。

情緒的苦，身體最知道

很詭異的是，這些年姊妹們紛紛得了癌症，她也因為身體緣故一下子長畸瘤，一下子免疫系統出問題等等，三年內開了六次刀，被迫留職停薪一年。這一年她終於有機會好好面對自己。

原以為只要繼續消極配合，在家人有經濟需要時幫忙，維持看似平靜的互動也沒啥不好，但她潛在的自我資質逐漸甦醒、不容許她沉默，隨著拿到博士學位，有了一份穩定教職之後，她居然又得了憂鬱症，沒來由的悲傷、沮喪，覺得自己好沒價值。

原本認為家庭和諧才是對的，自己的感受不再重要，在這些病痛之後她開始反省，自己為什麼會變成這樣？身心的抗議那麼明顯，再也不能假裝聽不見，如果不好好面對，那麼接下來迎接的可能是死亡。

高教授開始內觀自己的感受，找了很多性侵傷害、童年創傷的書來看，也試著尋求宗教慰藉，並參加了一個小型性侵被害人的團體，從靜靜地聆聽其他人的故事，到開始能夠向家人以外的人訴說感受，第一次覺得過去的創傷自己並沒有錯。

她開始不那麼配合出席家庭聚會，尤其是有哥哥的場合；她拒絕出現的次數愈來愈多，到了近一兩年就完全不願意出席。

「他是加害者耶，一想到我必須和加害者在一起我就渾身不舒服，我不想再生病了。」自我保護的機制終於啓動，過了那麼多年她終於想維護自己的感覺，並擺在比維護母親更重要的位置上。

母親無法接受女兒的獨立和改變，開始焦慮不安，三不五時找藉口說自己病痛，騙她回去探視，過年過節時找藉口塞紅包給她，說是哥哥給的，試圖把這個女兒拉回病態的家。

愈是這樣做愈引起高教授的反感，她再也不能對母親有一絲尊敬了，每次與母親難得的會面都是激烈的爭辯。從原本只求和諧就好，到後來那些累積的不甘心愈來愈強烈，強到已經無法考量年邁的母親能不能面對眞相。「我本來想說母親年紀大了，她想討好兒子是她的自由，我跟她保持距離就好。但我老是做惡夢，夢中都是在躲、在逃避，我想面對，不想再姑息這一切，至少我想把話說清楚。」當年年幼說不清楚的話，現在她想找機會說清楚。

不說還好，愈溝通愈通不了，兩人的價値觀是平行線，她說自己被侵害，母親不斷閃躲其說詞，認爲哥哥只是摸而已是個案想太多；她說被侵害的次數多到數不清，母親對此則直接忽略，說那已經是很久以前的事情了；想把話說得更清楚，結果搞得自己更火大，得不到她想要的公平與正義。

這樣的母親在過去無法保護女兒，現在又無法維護女兒，那麼女兒得該自立，不能再等待母親不能給的愛，把焦點放在自己，才不會失去愛的力量，不會浪費自己的愛。

她與母親最近的一次通電話，母親又故態復萌要她出席哥哥女兒的婚禮。「開玩笑，我怎麼會去？我只是我媽炫耀的工具，我出席的話她會很有面子，因爲別的親友看到我們一家子和諧，看到我那麼有成就她多引以爲榮……。如果她眞的疼惜我，怎會讓我一再受傷害？我再也不想玩這個遊戲了。」

母親選擇犧牲高教授的感受來保全哥哥，想跟母親談當年創傷事件時，她總想以塞錢的方式來安撫高教授，還說是哥哥給的；但她不相信哥哥願意反省，哥哥甚至不知道母親背地裡塞錢給她吧，哥哥的錢？他哪裡還有錢，不就是自己給母親的生活費嗎？

給錢能粉飾太平，就此結案嗎？母親爲了說服她收下錢，甚至會表明姊姊妹妹也都拿了。這是遮羞費嗎？她覺得好悲哀好可笑，母親用這招逼迫困頓的姊妹屈服在錢之下，也屈服在長期的控制中，母親也是個不折不扣的加害者。

「這一次我逼問她，我的傷害是眞的，哥哥就是做錯了，讓她再也沒藉口，她跟我說那她幫哥哥說對不起……。她要怎麼跟我對不起？她爲什麼要跟我說對不起？該說對不起的人不是她，憑什麼她要幫那個人說？」

這我想到某些社會新聞出現時，兇手的父母會代替兇手向被害者家屬下跪磕頭，那畫面也讓我覺得好荒謬，眞正的兇手永遠不覺得自己有錯。

我不擔心她的生氣與失望，身體需要這種程度的發洩，至少她不再壓抑自己的感受，而發洩出來之後居然沒有睡不好，而且身體也沒有不舒服，第二天情緒上也平穩，不自責。

我十分支持她順著自己感受而走的做法，只要母親一靠近，就引發她種種的身心不適，身體與感受如此誠實，誠實到眞的無法睜眼說瞎話，說自己「沒事，還好，還可以。」通通是騙人的假話。

經過漫長的努力試著要處理家庭醜事，卻只看到自己的努力一再被踐踏，只好喊卡，若再不把界線建立起來就是對自己殘忍了。

她的母親只做對了一件事，就是當年至少願意接受她搬到別處與哥哥隔離，不再受到侵擾；而她的出走與獨立，說不定也是母親想做而做不到的渴望。

【第 4 部】

當自己也成為母親。母親的老後與老女兒

18

老女兒的舊傷痛，漫長的療癒過程

我曾在母親過世第二年的母親節前夕，在臉書寫下這一段話：

也許是最近母親節送禮的廣告太多，讓我腦中常浮現某個場景。那年我正在化療，年底尾牙時抽到張醫師的燕窩禮盒一份，我捨不得吃，喜孜孜的拿回家給同樣在化療的母親，沒想到她看了一眼，嘴一癟，說，「這種碎碎的、零散的燕窩品質也不怎麼樣。」她在期待我那貴婦阿姨說要送的整顆燕窩，習於炫耀的阿姨會說這有多難得，多名貴。我很受傷，自此回娘家不想再看那禮盒一眼，以至於後來到底下場如何，我也不知道了。

過了一年了，我還在療傷，大師說這樣其實很正常。不過我想，我再也沒機會受傷了，從此以後我要過開心的母親節。

（附註：大師是我在職場上亦師亦友的工作夥伴，常帶給我心靈上的啓發）

都過了幾年，偶而想起心仍會刺刺的，有時仍有受傷的感覺，有時又不免責怪自己怎會如此計較一盒燕窩，怎會和一個癌末病人計較？

後來發現自己仍舊無法忽略受傷、生氣的感覺，燕窩不是重點，癌末也不是重點，而是這份關係。看到佐野洋子的《靜子》（靜子爲洋子的母親，無限出版，二〇一四）一書之後，深深地覺得自己的感受眞的有人會懂。書中寫道：

我有半輩子的時間一直認爲，母親與女兒一定是特別親密的關係，可是只有我，只有我討厭母親。後來一問，和母親處不來的女兒，就像逼迫小狗到處挖寶的壞心老爺爺挖出的一堆髒東西，數量多到難以想像。

她憎恨母親又懊惱自己不該恨，所以把憎恨母親的女兒比喻爲「髒東西」。佐野洋子是長女，一生都活在沒有好好照料母親的罪惡感之下，直到母親開始失智、連女兒都認不得時，才開始試著原諒自己。可我是「次女」，沒那麼多「不能這麼做」的包袱，我只有「想這麼做」，然後就去做，即使受到母親的責罵或奚落也不管，從選擇要念的科系、到要過一生的伴侶，她都無法影響我，也不置可否。我沒有愧疚，只氣她不支持、不了解我，若干年後有一次她用平靜的語氣說，妳個性就跟妳老爸一樣，很堅持。

這麼說，算是默認了我的倔強。

我們還是兩條平行線，只是雙方皆年歲漸長，了解到想改變對方是不可能的。我花了許多年讓母親逐漸習慣我挑的伴侶、我的婚姻，我也習慣母親的價值觀，適當的時候讓眼睛視而不見、耳朵關機避免爭吵，表面上砲火漸熄，此時母親的生命已悄然走到尾聲。

家庭與身處家庭之中的個人會面臨許多問題，而這些問題都因為情感與角色關係而變得複雜，每個家門內都有不足為外人道的辛苦，所以這也說明了我的企圖：我想說出許多人明明遭遇卻不願意面對的問題，看清家庭中的脆弱與堅固的結構分別在哪，然後再回頭看看自己的脆弱與堅強。尤其隨著年增長，我假設自己可以成熟到處理更多的脆弱，不斷調整自己的腳步來面對。

根據家族治療的心理學理論來看，必須將以前的情緒包袱作個轉換，重新省視這些事情帶來的想法、情緒，重新用另一種角度來解釋、觀察，才有遠離痛苦的機會。

我從單純的女兒身分，進階為他人的妻子、母親、媳婦，每進入一種角色，總是會讓我反思，當我和母親擁有一樣的角色時，我的心情、處境會像她一樣嗎？或者，擁有不同個性的我，會有什麼不同的結果嗎？

還好沒有遺憾：帶母親去旅行

有一本書叫《帶媽媽去旅行》（EZ叢書館，二〇一四），在我書寫母女關係的同時吸引了我。這本書的作者在其母親自己於短時間經歷失去母親（外婆）、先生的痛苦之後，爲了能讓母親每天都可以有笑容，於是在母親花甲之年規劃了與母親的「環遊世界之旅」，很多人不解，甚至很佩服他「願意」帶著母親旅行，但他說，「我沒理由不和像朋友、戀人一樣珍貴的母親一起旅行啊。」

是啊，母親只有一個，只是當自己可以揹起行囊時，很少人會想到要帶著自己的母親。

我常反省著許多事，有些是無可彌補的遺憾；但同時也慶幸著許多事，包括曾經帶老母出一趟遠門，到她想都沒有想過的國度。雖然當時心不甘、情不願，但若干年後卻成了我與母親之間難得可以有交集的話題，那是母親去過最遠的國家，坐了二十幾個小時的飛機很折騰，但回憶起來卻不以爲苦，她有時看著電視上的旅遊節目會說：「啊，我也去過競技場耶，厚，好大，爬起來好累。」、「你看你看，那個清眞寺就跟我們去的一模一樣。」

我的無心插柳與上述作者的有心大不相同，但「沒有遺憾」這個部分是相同的，我很慶幸當年沒有太任性，可以保有少數極珍貴和母親的回憶。

當癌末的母親入住安寧病房時，慶幸她沒有受太多苦，我已經比年輕時更成熟，較能設想對母親最好的治療，放棄積極的侵入性治療以減少痛苦。現在想想好慶幸，但這已經是後話，母親已經無法感受。

三十歲那年我出國的地點是土耳其。小資女沒有太多本錢，又想去一個可以回來說嘴的地方，全憑感覺之下選了異國氛圍濃厚的土耳其，但是膽子還不夠大，找不到伴也不想找伴，於是參加一個口碑、質感都不錯的團。

母親知道之後，居然表達出想跟的意願，平日與母親八字不合的我，可能被興奮感沖昏頭，居然也就答應了，隨口就說「好啊！隨便」，於是母親變得比我還要興奮，錢與護照馬上交到我手上。

我開始後悔，明明是自己的心靈之旅，怎麼變成了孝親之行？（雖然母親自己負擔旅費，跟我沒關係）我覺得自己找了個麻煩，旅行還沒成行就預告了這是變調的曲目、走味的咖啡，不好玩了。

記得我們從出發時就開始吵架。在機場裡，不熟悉流程的母親便緊緊地跟在我旁邊，很多的不懂，不斷的問我、問到我很不耐煩，不懂事的我無法理解母親出國的緊張，只覺母親眞的沒見過世面，連這個、那個，通通都不懂，倔強的母親也不再問我，生起氣來。在我兌換完外幣準備離開櫃檯時，櫃檯小姐把我叫住：「這是不是你們的證件？」我發現母親居然粗心到把護照機票隨意搭在櫃台上，走了也忘了拿，不禁惱怒了起來：「這麼重要的東西為什麼不收好？丟了就不用回國了！」事隔多年我無法原景重現，不過想必自己是表情扭曲，音高八度，橫眉豎眼，我也還沒修練到體貼老人家的境界。想想，眞是不孝。

母親當年沒機會出國（如果不算香港的話），不懂國外風土民情，未有機會長過見識，以至於被當時自認爲有見識的女兒大小眼。

「媽，你又在幹嘛？」我的母親居然用湯匙一杓一杓的喝咖啡，一到飯店大廳看到厚毛地毯就脫鞋，讓女兒覺得十分丟臉。

我有一位表親在旅行社擔任高級主管，是家族中最會賺錢的人，成就也最高。當她還年輕在台北獨自打拚辛苦時，母親去世——一生都在鄉下地方務農，忙於照顧家人的傳統婦女，我的伯母，從來沒有出過國。

等到女兒功成名就，得以到全世界知名景點、精品飯店到處趴趴走時，母親早已沒有機會參與、目睹這一切，做女兒的沒機會讓母親做個ＳＰＡ、洗洗溫泉，吃異國餐食，看看母親驚訝與享受的表情。

當我憤憤的向她抱怨在國外和母親相處的不愉快時，她聽完後幽幽的說了一聲：「你還能帶你媽出來玩，我想帶我媽出去玩都不能了。」

因爲自覺那次被老母絆住了，「不算有玩到」，於是隔了兩年又去了土耳其多次，這幾次就遂了自己的願和好友一起去。

我想母親應該也「很難忘」那次的旅行吧，至少在去世前幾年，偶而回憶到此次旅行，聊起來仍是興致勃勃。有時爲了幫她打氣，讓她轉移注意力，增加活下去的動力，我都會指著電視上的旅遊節目說，「你看，還好你有去土耳其，坐了二十幾個小時的飛機啊！太強了，沒幾個老人做得到啊。」其實說的當時很心虛，因爲我曾經想把她丟在機場啊！

沒出過遠門的母親在那唯一的遠行裡大開了眼界，在遙遠的國度中沒有熟悉鬧哄哄的觀光團景像，甚至沒聽到幾句中文。「對啊對啊，我跟以前的同事說我去了土耳其，我同事還在那裡不懂裝懂，說什麼『喔，哇災哇災，就是那個有很多金字塔的地方』，哼！不懂就不懂還插什麼嘴！」母親還能奚落知識比她更不夠的歐巴桑同儕，對她也是一種成就，且稍減了我的罪惡感。

母親去世前一年，我和姐姐又勉力帶了母親與她疼愛的小外孫女去了一趟日本名古屋、黑部立山，想讓她在有可愛孫孫的陪伴下再嘗出國樂趣。那時的母親已經漸漸不行了，直直落的體重顯現出癌末的風燭之姿，骨瘦如柴、體力不繼的她玩得勉強，多半只能在遊覽車上休息，食不下嚥，不能稱之爲玩樂了。

我沒有想到，當初最不情願的一次旅行，竟然成爲我們母女最重要、也是最難忘的回憶。

19 新的親密關係：在過去中學到的事

與其他家人的關係

這些年我與父親較爲接近、親近，是因爲父親還在而母親已經不在的緣故嗎？因爲母親不在了所以我藉機做修補，是這樣嗎？

我想不是的，我不只是義務性的每周去看父親，擔心日益蒼老的他獨自在家會忘記關門窗瓦斯等，而是眞的感受到他對我無私的愛，這愛甚至可以克服他重男輕女的偏見，我沒機會對母親改觀的、這次有機會在父親身上重來一次。以前的那些不滿與憤怒隨著光陰逐漸淡去。

時間可以沉澱許多記憶，將重要性重新排序，原先在意的事情漸漸地不再重要，以前在意的是自己如何被對待，現在則是在意自己還有什麼沒有做。時間像沙漏一樣漸漸流失，還有能力重來的不可再錯過。

結婚以前我人雖住家裡，心卻不在家，家是父母和弟弟的，甚至是和姐姐的，而不是和我的。我以爲我這個不受關愛的女兒，做什麼都被視而不見，無足輕重。

婚後開始一點一點的回想許多事，開始推翻以前因爲憎恨而扭曲的記憶，父親的形象也一點一點的翻盤，由黑轉紅。其實老爸一向「使命必達」，只要我央求他買的東西（當然我會有分寸），幾乎不會落空。

最早的印象是約小學三年級時，某天想要買一本關於動植物的百科全書，買書父親應是不會拒絕的，下班時他果然帶了一本三十二開本的小書回來，雖然不厚對我也夠用了，並附加一本楊喚詩集《水果們的晚會》，這兩本書一直被我保存到大學，雖然老弟的捷安特腳踏車與我兩本書的價值差很多。

在我年紀更大些時，父親第一次赴大陸旅遊，我隨口說了請他幫我挑枝毛筆，另外觀光名勝地區的書法拓碑也不錯，結果回來時除了毛筆、字帖，他還帶了一大張貨眞價實的石碑拓本。我心裡很訝異：「眞幫我買了拓本啊，我只是隨便說說而已啊。」

沒想到我年紀愈大，要東西的臉皮愈厚了。

雖然都跟錢有關，但我以爲錢不是重點，貴在有心。老爸看起來不苟言笑，每次向他開口連個「嗯」都沒回，耳朵倒眞的記進去。等我嫁出去後，打著幫孩子要零食的名義，每每向去日本旅遊的父親要東要西，像是機場一定會有的巧克力馬鈴薯片、薯條三兄弟，父親一定照單全收，連姊姊都笑罵我，「欸，你很敢要耶。」我說，「當然啊，我想讓老爸有成就感！」

當年我以爲老爸對我的不公平、重男輕女，說不定是因爲他不知道如何應付女兒的需求，不懂得女生的好惡與心思，他以爲那應該是我母親負責的。

有一年我要換屋，一買一賣之間少不了資金周轉，我忖度賣房子的錢還沒拿到手就必須先支付買屋的錢，手上現金不夠，於是某日回娘家之便就對父親開口借調四十萬，父親只問了我轉帳帳號，一句話都沒多問，我忙著解釋月底賣房的錢下來馬上還他，父親卻揮揮手不在意：「不急，妳有再慢慢給我就好。」倒是人在廚房的母親，聽到我似乎向父親借錢或要錢？馬上急急的衝出來罵我：「妳都已經嫁了，別再回來討錢！」

那是她去世的前半年，母親那句氣急敗壞的話又重傷了我一次。我是個嫁出去、已然不屬於她家人的人啊，當她重病瀕臨意識不清時，家中的存摺、密碼理所當然託付的是弟弟，還有姐姐，獨漏我這個其實每日都在病房的女兒。

母親經歷過太多親族間金錢的背叛，於是對金錢如此沒有安全感，她學到有血緣關係未必可當家人，於是她執著的挑選可靠的家人，嫁出去的、尤其又嫁外省仔的女兒，連同不可信任的外省仔一併被排除在信任圈外。

於是我更深切的以爲，對子女的愛一定要無私，不基於任何有形的或無形的目的，今日的付出絕對心甘情願，沒有條件交換，沒有犧牲。我知道許多母親並不要求金錢報償，但情感的需索有時更令人想逃。「我就是為了妳才……所以妳更要……」要子女「看見」並體諒她的辛苦，讓子女承受這無法承受的重。

在對子女的付出上，我的婆婆就是個無私的人。

她常自謙自己沒念什麼書只愛打牌。她的海派與母親的凡事計較不同，假日飯桌上的菜餚是以臉盆大小計算，份量足夠到還能再裝好幾個便當。

赴婆婆家吃飯時，我常有的反應是「哇，過年了、過年了，這麼多菜不是過年是什麼？」、「我最愛這個紅燒肉了，我要先裝一個便當。」婆婆總是笑咪咪的回說：「哪是什麼過年？就普通的菜而已。」第一次嘗到婆婆的紅燒肉很興奮，後來就算每周回婆家都出現紅燒肉，我也甘之如飴，那可是愛啊。

從母女關係到婆媳關係

有時候想，老天真的挺愛開玩笑，給了我這樣水火不容的母親，又給了我一個比母親還親的婆婆。經過了母女關係試煉的比較級之後，婆媳關係於我已經是小case了。

關於婆媳問題，我在門診已聽到氾濫，周遭朋友的抱怨也不少。有個朋友激烈的抗議自己的婆婆：婆婆住在對門，有他們家的鑰匙，假日早晨會躡手躡腳地進他們家門，直達房內，把未滿周歲的寶寶抱走，理由是「可以讓你們夫妻倆多睡一會兒，不要被寶寶吵醒。」這不是很好嗎？我想。「好什麼？她怎可以就這樣進我家？不用尊重我們嗎？她怎可以就這樣把『我的小孩』抱走？」朋友氣呼呼的說。

「看你用什麼角度來看啦！」我這樣回答。這對長輩來說也是金孫啊，孩子若分你的我的，恐怕很難有什麼信任關係。我不認爲現代母親可以包山包海什麼都自己來，我們也會有需要長輩協助的時候，遇到這個時候我是不會客氣的，我是很樂於把小孩丟給長輩，然後完全信任她，她要怎麼餵小鬼、如何穿衣吃飯都儘量不過問。

有個男性朋友說，因爲「未來丈母娘」要求新居也要給她一副鑰匙而婚事告吹，理由是「這是我的房子憑什麼要鑰匙？她要來我當然會讓她來，但她不能隨時想來就來啊。」

我想起婆婆那邊有我們的鑰匙，我們兩家的距離騎車只要五分鐘，那鑰匙是我們拿給她的：「妳自己進來，按門鈴還要跑去開門很麻煩。」有時看到冰箱的水果明明快吃完了，第二天卻自動被補滿蘋果、芭樂。我又想起自己的母親從未到我結婚後的家，若不是跟著父親來「作客」，她是不願意自己來的。

我讓自己學習並理解別人關心我的方式，這是從我母親及婆婆身上學到的事。

想成爲不一樣的母親

當我成爲母親時，我知道我是一個不一樣的母親，我是個想要隨時說愛、隨時擁抱的母親。

沒照我母親意思的關心，在她的定義來看都不算是關心，到後來我已經迷惑，到底什麼是她想要的關心？所以我決定要讓自己的關心可以被孩子接受，也提醒自己要把接收器全部打開，全盤接受孩子的一切。

我要把女兒隨時摟在懷裡，想摟就摟，想親的時候就親，告訴她們我好愛她們，而且確定她們有收到。沒有犧牲奉獻那一套，我因爲愛她們而去愛，不需要她們的回報。

我喜歡什麼事都不做，看著兩個女兒玩玩具，玩角色扮演，說話給自己聽，有時手邊正在做著家事，聽到她們喚媽媽，亦丟下手邊的工作去瞧瞧，可能是想起某個與同學說的笑話，或者完成某張畫作，急著和我分享，我希望她們需要我時，我就可以立即出現，而不是自己忙著滑手機或看書報、上網。

我常凝視她們，找尋相似的五官特徵，並讚歎生命的奇妙：臉孔果眞可以複製，神韻也是。細緻粉嫩紅撲撲的臉頰，聞著小孩身上甜甜的香，不解怎會有人不想親自己的小孩？要嘛必需要十分的忍耐、克制這樣的衝動，要嘛就漠然到早已失去了愛的感覺。

小孩在母親節前夕，總有一個應景氾濫的活動，就是「在學校打給媽媽說『我愛妳』」，另外就是連絡簿附上制式表格，裡面註明需完成的一些項目，其中包括「每天抱媽媽」、「每天親媽媽」。當小孩拿回家要填寫交差時我笑說，「這種作業不仔細耶，我們家應該問的是每天『抱幾下』、『親幾下』才對。」

從我開始，我家的親親抱抱是再自然不過的事了，不過我原來的家一開始會覺得肉麻：「你們是親不煩啊？」多半是不習慣的尷尬。但我們已累積了默契，只要有人一嘟嘴，另一方便很自然的把嘴也湊上，小啄一下。孩子還小時，我也要她們與阿公阿嬤 kiss bye。一開始嘴巴湊上去時，我的父母親顯得極不自然，急急地把嘴別開說：「親臉就好了。」經過幾次練習，他們很快習慣，被小啄一下時盡顯慈愛的笑容。有許多過去找不到出口的愛，在有機會重新溫習時就能很自然的流露出來，沒半點尷尬。

當年的母親無法全心看顧我，她自己的心事已經亂如麻，除了日常生活機能上的基本滿足外，無法給我更多。我牙齒雖然沒啥蛀牙，不過長得歪七扭八，視力也不好；而我在我的老大老二還很小的時候，就格外注意她們的視力與牙齒，定期檢查自是不用說，人在醫院服務不可能會漏掉。我想起我自己早在小三或小四的時候就和母親反應看不清黑板的字，母親總是責怪我電視看太多不願帶我去就醫；五、六年級時位子被調至第一排黑板仍顯朦朧一片；到了國一時父母終於肯帶我去眼科驗光，一驗下來不得了，第一付眼鏡就六百度近視，醫師驚訝的責怪父母，爲什麼拖這麼晚才帶我來配眼鏡，從此以後江河日下，直到突破千度大關，幸好千度之後開始老花，視力惡化趨勢才稍減。每每想起此事，總是無法原諒母親的忽略。

如果沒有弟弟，母親是否願意早點帶我去配眼鏡？

母親老的時候慈愛開始湧現，尤其對孫子輩，與女兒的衝突無可消解，但與新一代卻可以重來。兩個乖巧靈活的外孫女令她開心，還好她們都是討喜的孩子，爲晚年氣氛平淡的家帶來許多生氣。當然她也爲自己的細心照顧引以爲豪，兩個孩子白胖可愛、頭好壯壯的模樣，這令費心照顧的阿嬤很有成就感，但只要孩子生病，我就免不了被叨念、怪罪。

「我顧都沒事，爲什麼你們顧就生病？」如果是在阿嬤家生病的，母親就會說：「一定是在你們家吃到了什麼？」、「你一定沒有給她們穿內衣睡覺才會著涼」反正千錯萬錯，都是我與先生的錯。

到了癌末之際母親躺在安寧病床上，連兩個乖孫都不認得，到最後母親連弟弟的名字都叫不出，與世俗一刀兩斷，乾乾淨淨。

小時的一切已然遠去，那些不開心的片段我記得一清二楚，但稍大一點的記憶，家裡有了弟弟之後的記憶，甚至有沒有開心的記憶，我卻遺落得厲害。

小時候的很多事我都想不起來，我在家裡是怎樣的樣貌？我是幾歲開始自己洗澡的？我是怎麼去上學的？像空氣一樣完全摸不到邊，尤其是伴隨弟弟出生後的記憶。

我的記憶在高中之後才逐漸鮮活起來。我記得自己如何上學放學，記得在學校的許多時刻，記得是如何喜歡班上的某個男生，如何讀書，結交了怎樣的朋友。

但這一刻憶起的某些片段，是爲了不再重蹈以前的痛苦，這些片段記憶提醒我要活得不一樣。

20 不讓自己活在遺憾裡

在自己能力範圍內付出，不求回報；對自己想要的東西，也可以毫不拐彎抹角的表達，理直氣壯的要。這是從我母親那裡學到的事。

表達需要，不拐彎抹角

努力讓家人過得好，以至於自己什麼也捨不得要，是很多母親的樣貌。

好不容易子女買了點東西孝敬自己，例如一瓶香水，就說不習慣擦而收在抽屜裡，直到蒸發剩不到半點；或是一只名錶、一只戒指，就說平常做家事不方便怕碰壞，也是原封不動地躺在精緻的盒子裡；若是一件昂貴大衣，那當然更是放在衣櫃裡偶而聞聞嗅嗅，直到難得的喝喜酒時刻才拿出來穿幾個小時。

以上東西我母親通通都有，最後那些捨不得用的寶貝東西，大件的能燒（給她）就燒，不能燒的小物通通用鐵罐裝起來，放在她的骨灰罈旁邊。

母親怨嘆了一輩子，一直活在不甘心的小小世界裡，逼自己認命，不敢多要求，家裡要裝潢時，甚至連爲自己爭取什麼的意見都不敢說。

因爲房子不是她買的，裝修費不是她出的，即便她有出，也會讓自己卑微得不能有意見，即使是屬於她的空間（如廚房，這個使用者需求應該至上的空間），因爲她認爲自己不懂裝修。

但在裝潢過程中，又常有安撫不下來的小抱怨，就是很典型的「吃什麼都隨便，決定了又有意見」。

任勞不任怨，無法被滿足，當然也無法快樂。當需求無法說出口，卻怪自己不被重視，這樣的戲碼在我家常常上演。

有一陣子我很迷日本台的「超級全能住宅改造王」節目，我喜歡看房屋裝修過後案主家人驚喜的表情，想知道他們是如何值得擁有更舒適的家。

令我印象較深的改裝案例是，有個阿婆辛苦了一輩子，住在極不舒適的破房子（說好聽是古宅），僅有一層的木框紙糊窗早就無法抵擋風雪，廁所當然是在戶外，而設計師只是將之改裝成符合現代人的生活習慣而已，但忍了一輩子已成習慣的婆婆驚嘆連連，直說「太豪奢」了，並懷疑自己是否配得上、可以住得起這樣的房子。

爲了要凸顯裝修前後的反差，製作單位刻意尋求需要整體大改裝的案子讓人有驚奇感，另有類似案例的婆婆也說出類似的話：「太漂亮、太豪華了！」、「我眞的可以住在這裡嗎？」、「這麼幸福可以嗎？」

「這麼幸福可以嗎？」聽到這話我禁不住想哭，我想起了母親。我惋惜，惋惜她沒有爲自己爭取更多的快樂，我想她打從心裡害怕，甚至不認爲自己值得這樣的幸福。

當家裡要裝潢時，她什麼都不敢說，問什麼都「青菜」（隨便），只有在弟弟詢問她要哪種床墊、哪種棉被時，才敢稍稍說出一點。也可能她在等弟弟的主動詢問來證明自己的價值。在她的觀念裡，她的需求是要家人主動發現的，如果沒發現、沒主動去做就是不夠體貼，如果非要她自己開口來要，這種「要來的需求」她就不要了。

這樣賭氣的測試遊戲，我已經經歷過無數次了，當我接受心理學對溝通這件事的訓練多年，認爲直白的表達才是溝通的不二法門時，我討厭玩心理遊戲。所以我曾經跟她說好多次：「妳想要什麼妳就直接說，妳不說，我們怎麼會知道？」

沒想到她的反應很微妙：「妳們應該要會自己看啊，我需要什麼，難道妳們不知道？看不出來？如果什麼都要我來說，那就不必了。」

這是很典型的迂迴溝通戲碼，子女需要費心斟酌、猜測，才能顯出父母自己的價值，我拒絕玩這樣的遊戲：「妳既然不爽說，說了更不爽，那就拉倒。」無怪乎母親氣我，氣我的不體貼。

長大後的這些年，我花更多力氣照顧自己與自己的家，努力朝向想要的方向，已無暇再顧及她，更多時候其實是擔心自己做白工、白付出一場，對於怨嘆一輩子的母親來說，我說什麼或做什麼，能改變什麼嗎？

節目裡這些老人家並不怨嘆，也有老人家會這樣說，「新家讓自己更有動力，要健健康康的活下去，好好享受。」當我聽到這樣的話時，內心總是激動不已。

理直氣壯的付出與爭取

對照我母親的壓抑，我最大的反動就是非常不虧待自己的需求。

當自己搬新家也需要裝潢時，設計師老弟提出了三種版本的隔間，我看了一眼，馬上就決定要其中一種。

因爲這個版本把原來三房兩廳的格局改成二房，另一個變成更衣間。對，我就是想要擁有自己的更衣間！這個想法超任性的，因爲勢必犧牲掉一個房間，也就是說兩個孩子要共用一個房間。

我做了功課，看過除了主臥之外兩個小房間的格局，那眞是小到不行，擺了床與衣櫃之後大概沒剩多少，如果共用一個房間就可以重新改格局使之更寬敞，而且兩個孩子都是女生，沒什麼不方便，那麼我只要剩下的小間房一半大小的空間來做更衣間就可以了，並沒有占用太多。

我是這樣想的，然後就付諸行動。那麼，先生、孩子的爸的意見呢？不好意思，他是不會有意見的，從結婚開始，找房子到所有家具布置，通通都是我一手主導，結果通常也不錯，所以他也樂得輕鬆放手讓我東搞西搞。

然後，叛逆女兒與不良妻子接下來又有新花樣：我要一個沒有門的廚房。

即使坪數再小，我的廚房絕對不要有門，牆壁打掉做成吧檯式的半隔間，讓廚房飯廳成爲開放空間，既通風又舒適。那油煙呢？豈不是會亂竄？想當然長輩會阻止我胡亂改造，但我又不煮大菜也不賣鹹酥雞哪來的油煙，況且現在抽油煙機的水準比過去好太多，油煙實在不是我該擔心的；我在意的是，廚房不是屬於女人任勞任怨的地盤，窄小悶熱到連孩子都不願進來幫忙。我要家人看見我正在進行的一切都跟他們的胃有關，再簡單的料理都需要洗洗切切，並沒有「五分鐘出好菜」這種神話。

我不要當個哀怨的母親，我要在這樣的廚房保持好心情，這種心情下做出的料理絕對不會難吃到哪去，因爲他們看得到我做的一切，知道一頓飯來得不易，也願意來幫忙。

所以這不是我的私心，而是我對整個家的想望。

每個來我家參觀的朋友都笑我，「有自己的更衣間，很誇張耶妳！」然後在看了看廚房後說，「嗯，我喜歡妳的廚房，看著看著都想做菜了。」

很明顯我對廚房的親近是從母親那學來的反向操作，她是憎恨廚房的，下廚不能給她快樂，只是餵飽家人的必要。從小我只要靠近廚房就很少不挨罵，母親是矛盾的，一方面不願我們進廚房，說去把書念好；一方面又怪我什麼忙都不幫，什麼都不會。尤其當她忙起來的時候火氣更大，類似「你以後結婚一定會很慘，等著看好了」

的詛咒都會出現。

那個年代的婦女有那個年代會有的無奈，也不是當時年幼年輕的我所能理解，但從廚房傳來不時的抱怨與咒罵，讓我對「有她在的廚房」避之唯恐不及。

廚房不是可以聯繫感情的地方，我學會對「吃」這件事麻木，爲了避免挨罵，我不表達我想吃什麼，更不會想學母親的菜。

結婚之後正式離開家，搬入新家，我因爲有了屬於自己的廚房很興奮，什麼都是新的，非常有興致泡在廚房裡，不爲別的，而是想知道自己可以從這小廚房變出什麼東西，西式中式，我都想弄弄看，有時也會有失敗之作，不太發的蛋糕、像蒸蛋的布丁、硬得像輪胎的牛排……。

不過我學得很快，沒多久就能端出像樣的四菜一湯。第一次請父母來家裡吃飯時，母親仍舊不願對我輕言讚美，如果沒有其他家人，她甚至不願獨自來找我，因爲是屬於我的家、我的廚房，嫁出去的女兒潑出去的水，她仍舊固守她的方式，拒絕與我在廚房裡和解。

這些年，我不時從廚房端出好料，我喜歡看小鬼們吃蘋果派說好好吃的樣子，也喜歡讓她們點菜：「今天想吃野菇燉飯！」但我不一定會煮，而是想煮的時候才煮，抱著輕鬆的心情，不願給自己任何壓力而讓料理這件事蒙上陰影。我的家人也學到，對母親廚娘最大的敬意就是不批評，然後把菜吃光光。

我理直氣壯的付出，也理直氣壯的享受，絕不想在家人面前壓抑自己的一絲一毫，更不要說是犧牲，犧牲太不健康。

理直氣壯的享受生活吧，這是我想對所有母親說的話。

21 不複製破壞性關係

母親之於孩子，很難不受夫妻關係的影響。當我年紀愈大愈能看懂許多事時，會發現關係從來就不是單一的，而是層層疊疊交錯的關聯。

家庭中夫妻關係之重要，重要到會對孩子產生長遠性的影響，然而父母卻不自知。父母以爲都是關起門來吵架，或者自認爲不會把夫妻衝突的情緒轉嫁到孩子身上。但，眞的那麼有把握？爲何不問問孩子的感受？

不在孩子眼前吵，不代表孩子看不見；以爲吵完架一轉身就能對著孩子心平氣和，卻不知他早已看到你的眼淚，感受到你們的臭臉。

很多爲人父母的個案都信誓旦旦的說（當然我不相信），我跟我先生（太太）吵架不會吵給孩子看，彷彿這樣做，就對孩子沒有傷害。

孩子已經吸入了有害空氣，這個家看起來無害但實際上早已中毒，滲進他的細胞裡去，白天擔心著自己有沒有做錯什麼，晚上做著惡夢，欠缺安全感的滋養，這孩子惶惶不安。

長大之後遇到人際相處問題，交朋友的挫折，親密關係困難，或自我感薄弱空虛不知人生的意義，他無法怪父母而會怪自己太脆弱，一無是處……。還要說夫妻衝突不會影響小孩嗎？

即使夫妻各自都很疼愛孩子也無濟於事，只會增加孩子的內在衝突，了解大人原來可以那麼虛僞，只是表面上演出大和諧的戲碼，無法尊敬任何一方。沒了尊敬，父母失去了角色該有的功能，孩子無法相信虛僞的人有辦法眞誠，更糟的是他學不會愛，因爲這段大人無法演給他看。

家就是一個整體，是無法切開來看單一的關係；而關係是互相緊密流動的河，你注入了有顏色的、汙染過的水，也必定影響整條河流的清澈度。

母親的夫妻關係

回顧自己父母的關係時，當然那不會是我想要的關係。從小印象中父母的吵吵鬧鬧，到愈老愈相敬如「冰」。若我沒有受過心理學訓練，不曾深掘自己的家庭問題，沒有意識到加諸在己的影響，我就有可能繼續認為吵吵鬧鬧不就是家庭的樣貌嗎？至少他們沒有互毆與互砍。

氣氛冷淡到疏離的夫妻關係，實在很難假裝看不見，兩人長期的僵局雖然有可愛的外孫女帶來一些緩頰，不過骨子裡的問題沒改善。在偶回娘家用餐時，我常可以見到桌上有兩道湯，因為他們各煮各的菜、各燉各的湯，如果廚房夠大，那鐵定會有兩個冰箱，因為他們互相嫌棄對方冰的菜很礙眼，常想試著把對方的菜扔了。

母親對夫妻關係的失望與怨恨，也讓她對我的婚姻充滿情緒。因為我習慣為自己泡咖啡時也為先生沖上一杯，有一天在娘家時，我也順著這樣的習慣為他沖了咖啡，端到他的眼前。沒想到這舉動在母親眼裡分外刺眼：「你幹嘛要對他那麼好？他不會自己去泡嗎？」

在她的心中，她對感情的敵意不僅已轉嫁到我身上，也再不能爲父親做菜、泡一壺茶，這絕對不是我期待的夫妻樣貌。

我在情感上提醒自己不依賴先生，他不是非得要當我的避風港不可，遇到風浪時我得自己去面對，他可以給我情感慰藉，但問題的解決仍舊自己來。所以當我開始進行化療與放療時皆不需他陪伴，不是我夠勇敢，而是就近在自己的醫院治療，同事們都可以幫得上忙，不需要工作遠在一小時車程外的先生特地請假。

夫妻關係只是許多關係中的一種，不執著於任何一種來滿足生命的遺憾或空洞。我有好同事、有閨密、有孩子，有想追求的興趣與專業，很豐足。我工作不只是我必須工作，而且是工作可以讓我更完整，可以發揮更多的我，證明自己的價值。

網路上曾瘋傳一張「孤獨指數表」，將孤獨分爲十種等級，第一級是「一個人去逛超市」，其次是「一個人去餐廳吃飯」……，第十級則是「一個人去做手術」。我看到時不覺莞爾，沒想到我幾乎已經進階到第十級了，但我不覺得有那麼慘。

周遭有過關係創傷的某個案告訴我，住院時看到另一半愛來不來，就算來了也是滑手機，或者是沾一下聊表心意就走，還不如不要來。當她不指望先生來探視、一切試著自己來時，住院就會變成眞正的休息，他人的探視就變成驚喜了。

活得愈久，了解關係只是陪伴不是羈絆時，那張孤獨指數表看來就不那麼孤獨，甚至是輕鬆自在沒負擔。如果伴侶關係都能做到如此，親子關係就沒有理由做不到。

這是我在過去家庭關係的糾結中學到的事——讓自己自由，就不會被自己綑綁。

努力不要成爲過去的妻子與母親：小柔的續集

母親自身的感情經驗會帶給女兒多大的影響，而且是全面的，這是母親角色的沉重，潛移默化在女兒身上的結果。

母親感情經驗正向的話，女兒們得到溫暖信任的基礎；感情經驗負向的話，則變成警示意味濃厚的教訓，提醒女兒們努力不要複製過去的經驗。

個案小柔是個外表清秀瘦弱的二十歲女孩（參第七章），說話輕輕慢慢的，但從她口中很艱難說出的母親，卻像個控制她的獄卒。

單親的母親照顧著姐姐和她，但有來自娘家豐厚的經濟支持，所以母親可以不工作，但從小她就像個外人，家裡的 wifi 她不能用，電腦也不能用（相差兩歲的姊姊卻可以），若要使用就自己去學校用，也沒有可以自由運用的零用錢，到了國中時連姊姊都有手機，她的母親依舊不給她手機。

聽著聽著對她忽然有養女的錯覺，但其實不是。

外公見她沒有手機，就爲她買了一支。沒想到母親見到她的新手機大怒，竟把新手機摔爛，小柔一邊哭，一邊撿回四散的手機零件與碎片，當天晚上就離家去借住同學家。這是她第一次離家，國二。

成長的過程非常鬱悶，在家裡她莫名的被打壓，到學校之後她成爲脾氣壞、難相處的人，有自以爲的正義感，如果遇到看不過去的事情，她甚至會和男生打架。

她說得愈多，我的困惑也愈多，不懂這位母親的恨意是從何產生，單親的辛苦我能理解，不過在經濟來源與娘家支持系統都很完整的情況下，哪來那麼滿的恨呢？

她讓我看幾張姐姐與母親 line 對話的截圖。姐姐和母親是一國的，而她永遠也不知道她倆在一起談的是什麼。基於好奇，有一次小柔偷拿姊姊的手機來看，身受打擊的她截了幾張圖讓我看，裡面的對話是「別讓賤人碰錢，因爲賤人會亂花。」，「賤人」指的就是小柔！

「有一次我外婆大老遠來看我們，那時是早上我已經去上學，只有外婆和媽媽在家，中午的時候媽媽開車帶她去吃飯，吃完外婆說要幫我外帶一份，我媽回說，『不用，冰箱裡有吃的她自己會弄。』我外婆說，『沒有，我剛剛看過冰箱是空的』沒想到我媽……（難道惱羞成怒？我說）對，她惱羞成怒，就跟外婆說，『如果你堅持要買你就自己回家。』然後，就開車自己走掉了。我外婆年紀那麼大又沒有車，居然就走在高速公路上，後來我們接到電話說外婆出了車禍，我媽一聽到當天就離家，整整一個月後才回家，回家的樣子就好像什麼事都沒發生……。」

她淚眼婆娑的說出這一段，連外婆想對她關心都遭到阻撓，她想不通母親爲什麼那麼對她，等母親回家之後換她離家，這次她再也受不了，決心不再跟母親同住。

我們一起回顧母親恨與敵意的可能來源，漸漸清楚了脈絡。從沒見過父親的她說，母親在懷她的時候離婚，當時談的條件是，姊姊歸女方、妹妹歸男方，孰料小柔出生後外婆心疼孩子不願意給男方，於是變成母親獨力撫養兩個孩子。

母親曾不止一次跟她說，「我這輩子最恨的人就是你爸和你！」

母親的恨意已成病態，離婚的種種不如意全都算在小柔頭上，這個婦人的心理生病了，充滿仇恨，並加倍奉還到孩子身上。

我跟小柔說：「我只能幫你，幫不了你母親，她的夫妻關係本不該讓你承擔，卻讓你成爲受害者。你現在恨她嗎？」她說，沒那麼恨，倒是有更多的同情與悲哀。

二十歲的她經歷這些顯然變早熟了，對母親的體悟像個三十多歲的女人，若要說學到了什麼，那就是至此以後要成爲對傷害有免疫力的重生之人。她早就不冀望母親了，母親什麼也不能給她。

瘦弱的小柔內心堅強，早已準備好要做心理晤談，很有想法，幾乎不需要我帶領，我只是提問，幫忙整理，讓她更清楚自己的決定。

晤談到了後來她交了男友，於是我故意這麼問：「你敢談戀愛喔。你不怕親密關係嗎？自己的爸媽那樣沒有嚇到妳嗎？」她微微一笑，不認爲自己會像母親。

不想被過去經驗打敗，在第七章中提到她的叛逆竟然能成爲復原的力量，努力做不一樣果然是好的、有用的，過程辛苦，但至少是她一點一滴摸索出來，母親扭曲的親密關係不是她的，那段沒人願意提到關於父親的家庭秘密，其實是全然空白，所以人生劇本由她開始，她說了算。

22 如果愛可以重來

能夠修復的關係眞的很好，無法交談的母女有一天也能促膝談心，我想都不敢想這樣的事。但眞的有母女願意再給彼此機會，換個面貌往下走；會不會慶幸終有這樣一天，考驗終於過去了，再回顧過去的事情會有怎樣的情緒，怎樣的解讀？

我不敢想也沒能做到的事，我的個案卻能做到，讓所有女兒們有機會可以不悲情的繼續母女情份，這無疑也給我一些省思：打了結的關係有機會解開，有機會重來。

每次來晤談都畫著淡淡舒服的妝，並穿著夾腳拖、露出美麗法式指甲的年輕妻子瑤瑤，主要的問題是與先生相處的不安全感。年輕的瑤告訴我，她也知道不該看先生的手機，但就是忍不住，只要看了先生與其他美眉打情罵俏的對話，就會有預想劈腿的種種畫面，不管先生到底有沒有眞的不忠，不斷發酵的擔心就變成她的輾轉難眠，而空虛感則必須靠自殘來得到明確且痛苦的存在感。

瑤告訴我，她渴望被愛與關心，而且需要很明顯的那種，不過別誤會，瑤不是需要玫瑰花與甜言蜜語、孩子氣的女生，她要的是心無旁騖的守候，明明已經結婚就不該和別的女人調情，不該加其他女生 line，但這標準對許多宅夫來說仍舊太高。

本來是談夫妻關係，幾次晤談下來治療關係漸穩固與信任，家庭原貌日益清晰之後，開始發現母女關係的影響力漸次浮現。

隨著瑤瑤接受治療的時間增加，自殘次數的確有減少，對於自己的感情需求也一次比一次更清楚，當然不只是在晤談室裡的省思，更多時候是案母發揮的影響。她開始提及較多母親，心情覺得低落時會去找母親，母親會聽她訴苦，安慰她，並給她不卑不亢的建議。

聽起來再健康不過的關係了。「若不是我媽陪我，我心情真的不會好那麼快，也慢慢不再胡思亂想。」比起在治療室裡聽心理師說什麼金玉良言，我更希望聽到個案講這句話，這表示個案有好的社會支持，可以在持續陪伴下站起來，不必依賴偶一爲之的醫病關係。

「妳跟妳媽的感情很好吼！」我隨口回應了一句，沒想到她急急搖頭露出苦笑：「妳一定想不到我跟我媽以前根本是陌生人，等我長大才慢慢變好的。」嗯，這中間的轉折很值得了解，我等不及想傾聽，如果愛可以重來，相信許多人也可以。

陌生的媽，陌生的愛

「從我懂事之後沒有叫過她『媽』，從幼稚園開始我就被取笑是孤兒，我明明有媽卻沒辦法住一起。我是阿公阿嬤帶大的，我媽感情很複雜，包括我生父一共嫁了三次，當然會氣她竟然拋下我，自己去生活。」

如果按照現在兒少社會福利的觀點來看，瑤過去的家庭應是屬於高風險家庭，生父欠債落跑，生母也沒發揮實質的角色和功能，她到高中以前沒有一個穩固的家，在偏鄉的阿公阿嬤家被取笑是孤兒。她的不安全感已經有了好理由。

「到了國中她再婚，要接我一起住，我們根本就沒有感情要怎麼叫她，根本就不想理她，沒想到我繼父人很壞，常常趁我媽不在的時候就說要趕我出去，還丟我的東西，威脅我不要跟我媽講。」

「我媽是個強勢的女人，她因爲婚姻不好所以很拚事業，常不在家，我們就已經很不熟了她還那麼忙，不過當她知道我繼父不接納我、對我很不好時，他們就開始因爲我而吵架，沒多久就離婚了。」

「我那時當然會認爲是我害的，不過我媽一點都沒有怪我，我知道她有心對我好就開始喊她媽，但心裡還是很氣。她只要單身，我就得再回去跟阿公阿嬤住，搬了好幾次家、換過好幾所學校。到她的第二段婚姻時又把我接去一起住，這次的繼父有好一點，他沒喝酒的時候對我還不錯，說要讓我出國讀書，但喝了酒之後就變了個人，連我媽都受不了。這段期間媽媽生了妹妹。」

「我雖然喊了媽，不過我們很少講話很少見面，我常在房間不出來，她就算難得回家也看不到我。」兩個陌生的家人，長達半年賭氣不願意講話的倔強女兒。瑤的母親每天開始寫字條，塞在門縫給女兒，一開始通通被我的個案丟到垃圾桶，看都不想看。

母親不放棄，繼續寫字條給她。「我覺得很煩耶，爲什麼她不放棄？後來就開始看那字條，其實就寫一些生活瑣事，今天做了什麼、心情怎樣等等。她好像知道我有把字條留下來沒有丟掉，她就寫說希望我也寫點什麼，再放在她桌上。我當然什麼也沒寫。」

「過一陣子，她居然跟我提出要寫交換日記，那時我想，天啊！寫什麼交換日記，莫名其妙，好無聊，她想寫就去寫好了。」一次不回應原封退回，兩次也不回應，三次、四次之後，每次都是媽媽寫得密密麻麻，而她只是冷冷的看。

「最近我們在閒聊的時候，我媽說她記得我第一次回應交換日記是什麼時候，她很開心，因爲我終於也寫了，於是我問『那我到底回了什麼？』因爲我眞的想不起來，我媽說，我就在上面寫了『……』」她微笑起來。

那六個點對母親如獲至寶，至少是個破冰的象徵，我想起脾氣如我的倔強大女兒，她雖然常頂嘴乍舌的，卻會在母親節卡片上寫「老媽有時也很溫柔」等貼心的話，孩子不是沒看見，只是心裡感受到的不一定有辦法表達出來。

用耐心化解對立

瑤的母親用無盡的耐心來回應，終於讓看似冷如冰的女兒融化，鐵杵磨成繡花針。

母親複雜的感情關係，也代表女人追求愛情過程所承擔的苦。瑤瑤在年輕的時候還看不清楚，當她也陷入其中時，母親從過來人的角度給予傾聽與溫暖陪伴，雖然因著過去經驗而產生情感上的缺陷，對一份關係的拿捏太緊，但至少還有機會可以彌補。

上一代層層疊疊的感情問題，也讓她勉力讓自己與母親不同，追求穩固的關係，即使是過分要求與牽制另一半，我也終於了解爲什麼——她需要忠誠是因爲太害怕被遺棄。

這段治療議題的插曲，讓我忍不住要問，「那妳原諒妳母親嗎？」

「我早就已經原諒她了。」回答得斬釘截鐵。

即使原諒，心中仍有說不出淡淡的怨。我說，保留那一點點情緒無妨，這樣可以提醒自己有多在乎母親，並提醒自己現在的妳們過得比以前好。

至少我對她們未來的關係是樂觀的，母女兩人共同面對各自的感情問題，更像戰友關係。女人在遇到感情問題時，同樣困境的女兒與母親連成一氣互相支持，那種感覺眞的好有意思；瑤在面對夫妻關係時一如男女朋友的標準，至少母親可以幫助她建立婚姻的現實感，讓她從小女人蛻變爲成熟的妻子。

當結束這段治療時我心中有點苦澀必須消化。我得承認自己在感情的追求上沒有範本可言，母親的價值觀也無法成爲指點我的材料，甚至讓我一度困惑，不知該如何是好。

當年二十五歲的我想結束自己五年的感情，轉而投向另一個更值得去愛的對象（後來也眞的成爲我老公，我那外省籍老公）時，我的母親反應出乎我意料的大，她大爲震怒不許我分手，甚至威脅我要脫離母女關係，從來沒寫什麼給我的母親甚至寫了六、七頁的長信勸我回到原男友身邊。

我震驚不已，沒想到她竟是爲了這樣的理由才提筆給我，那不是關心而是傷害，我深深的被傷害了，她沒有選擇站在我這邊，而爲了一個她認爲的理想女婿說話。

「妳那麼喜歡他那妳去嫁他好了！」我說了氣話，難道就因爲他是本省籍、台清交碩士，剛考上高考公務員，我就必須回頭嗎？

悲傷的我無法完整的看完這長信，流著淚想了一天之後就撕掉扔了，快要爆炸的情緒讓我無法細想那是她傳統價値造成的貞節觀，也無法思考，這可是她留給我的第一封也是最後一封信。

我很清楚未來的感情路得自己去走，沒有可倚靠的肩膀，沒得抱怨，因爲她一定會說，「活該，誰叫妳不聽我的！」

所以我有點嫉妒瑤，她有這麼挺她的母親，而我沒有。母親的反應使我更堅定自己的選擇，我絕對不要後悔，要爲自己的選擇負責。

成爲母親後，我漸漸地清楚自己要成爲怎樣的母親，自己不想要的也絕不給孩子，我要孩子願意跟我分享，我隨時能夠接納她們的任何想法。如果我做不到，我一定會去思考爲什麼我做不到。

有時我會對她們說，「欸，妳們以後有喜歡的對象一定要帶回來給我看，不管是對方是男的女的。」

瑤瑤的和解好令我羨慕，我彷彿從這些和解的畫面中得到部分救贖，原來母女關係的修復是有機會、有可能的，即使今生與母親再也沒有機會，我仍舊相信母女之間能有愛，並在我與我兩個女兒們之間實踐著。

23 女兒們的故事未完，待續

我的女兒故事看似結束，實則交換了身分延續下去，母親其實並未死去，而是在我與女兒身上繼續活著，有時某些似曾相似的場景會出現。例如女兒在回應我的時候有某種屬於青春期特有的衝與不屑，我在火氣開始上升時會意識到，這是不是所有的母親，還是我的母親會有的困境？我有沒有辦法做得比我的母親更好？

至於其他女兒們的故事仍持續上演著。曾被哥哥性侵的高教授依舊得硬著頭皮，與母親且戰且走；愛做甜點的小希，則開始向母親宣告自己已變成大人，挑戰母親種種規定，例如十一點前要到家，偏偏要十一點十分進家門；母親要她當個乖女孩，她偏偏在手臂上刺青，而我則努力拉著韁繩讓她可以做自己又不失控。

未來仍要繼續

對我來說，未來漫長的學習不只是療癒過去的自己，而是如何經營家庭的親密關係，母親並沒有給我好的範本，我不太懂如何拿捏當一個妻子的情緒。

這是一個空白畫面，當我決定抹去我所看到的經驗時，什麼是我可以依循的標準？我看也只剩下心理學了。還好心理學並沒有讓我失望，人家說孩子照書養，夫妻關係照書來經營也無可厚非，至少心理學很重視關係，從觀照自己的狀態中可以得到什麼收穫，從自身做改變可以影響整份關係，心理學的主角在個人，不管個人經歷了什麼都無可逃避，但同樣也有選擇權，不能指望別人改變。於是我學著不宿命，相信自己是有能力的。

母親對我的先生不假辭色，那是她從來沒有想眞心接納的女婿。當我們這對將孩子交給母親照顧、假日才接回的假日父母，要探視自己的孩子時，我很明顯的感受到母親很不願意他來。有一次他因著母親給臉色看，選擇提早返家時，母親竟然說如果沒什麼事，我也一起回去算了。

我這個連同丈夫一起被逐出的女兒，最後選擇與先生共進退。我被迫放棄母親的感受，因爲她的感受傷害了我另一個家人。

我更小心翼翼關注先生的感受，他何其無辜，盡了自己的本分卻沒有被肯定，費心安排行程、開車帶老人家出遊也常換來「其實這裡也沒什麼好玩的」的隨意批評，這是許多晚輩們都會遇到的問題。

網路上流傳一篇中國文章，標題是「父母在等我們道謝，而我們在等父母道歉」完全戳中我，我不敢也不能祈求母親的道歉，她也是種種因緣下受苦的人。

但我的滿腹委屈只有先生懂，平常我得盡力保有我女兒們對阿嬤的尊敬與依戀，所以她們在的時候我得忍住，不能對母親有半句抱怨。不過我實在憋得緊，後來母親已不在世，我的忍耐也露出了馬腳。

當老大小學去畢旅時，我理所當然的同意，並交了一筆爲數不小的費用，因爲她們要去玩個三天兩夜（公立小學呢，居然去住五星級飯店，是否大家都有辦法負擔這費用？我又多想了一些），我好羨慕甚至有點嫉妒，勾起了舊恨，難免說溜嘴恨恨地提起母親不讓我去畢旅的陳年往事，兩個孩子睜大眼睛很訝異的問：「爲什麼阿嬤不讓妳去畢業旅行？」、「啥，妳沒有畢業旅行喔？」

「我怎麼會知道？我哪知道妳阿嬤在想什麼？……」

一說完，我就覺得有點不妙，孩子不可能知道那麼多過往情事，在不知道的情況下是否可以接納她們母親對阿嬤的情緒化反應？很感謝孩子的默默體諒，沒有多質問我，否則我不知道如何招架。

故事對象陳大姐與其母親的戰爭，在看著自己女兒成長過程中有了許多醒悟。因爲包含著婆婆的拉扯、老公的風流與事不關己、不負責任的態度，造就陳大姐母親歇斯底里的瘋狂個性，多如牛毛的強迫症狀，例如肥皂一定要維持在某種形狀某種大小、毛巾的掛法等等，若是不從，則謾罵一氣，甚至會飆出「妳這個娼婦」這樣的話。

等到女兒們各自長大之後，包括陳大姐在內，沒一個人想跟母親住。這樣成長經歷之下讓她在夫妻關係中吃足苦頭，還好單親的陳大姐有個貼心的女兒。不過這份貼心卻是陳大姐從不斷犯錯中學到的，她告訴我，她以為自己可以和母親不一樣，卻沒想到自己也犯了過度操控的毛病。

陳大姐的女兒曾經很喜歡吹長笛，她也一心想栽培女兒成為長笛音樂家，從小學一路學到高中，眼看女兒即將有一場個人的音樂發表會，她愈來愈投入與興奮，每天練習時間前主動的幫女兒把譜架好，放了音樂，等到有長笛的段落出來時就要女兒跟上：「快快快！快接這一段！拜託，不對不對，這段不是這樣，再吹一次……。」

到了決定曲目時她更是一頭熱：「妳一定要吹這首，這首非要不可。」有一天女兒終於爆炸，對她大吼：「要吹妳自己去吹！」演奏會雖然如期舉辦，但演奏會之後女兒再也不吹長笛了。

「她曾經如此喜歡她的長笛啊，而且還幫長笛取名字，每天擦拭它，對著它說話，結果從那次之後，我再也沒看過她碰長笛了……。我知道是我的錯，是我扼殺了她的興趣，從此以後我們很有默契地再也不提長笛了。」

陳大姐懊惱著。還好關係這條路很長，只要看見自己的缺失並且願意努力，沒什麼是不可能的。如果你以爲接下來的劇本是母女反目重覆過去的錯誤，那可就大錯特錯，陳大姐和她的母親不同，她有屬於她的做法，她很誠實的剖析自己，連我也汗顏：「我是一個有很多缺點的母親，還好我女兒願意給我機會。」

現在她與女兒可以無話不談，女兒人在國外，每天仍舊與母親視訊，聊些有的沒的，有時女兒會說現任男友的床上功夫眞差勁，陳大姐還得按捺住自己的尷尬，只敢傾聽不敢給意見，心想，「喔拜託，我可不想聽細節……。」

關係界線進可攻、退可守

關係議題隨時圍繞在人的困境裡，應該說，在治療室所見到的困境幾乎通通都與關係「有關係」，物質成癮裡沒有關係議題嗎？那爲什麼人要寧願陷入物質滿足而逃避面對呢？強迫症不也是因爲和無法掌控的人相處，以至於必須藉由可以掌控的手邊事物（如洗手、排列、清潔等）得到一點點滿足呢？

說穿了，心理問題就是無法排解的人所產生的種種結果，更有甚者會藉由生理病痛來展現，也就是所謂積怨成疾。個案酷妹告訴我，多年前當她母親發現父親外遇時正巧摸到乳房有硬塊，但母親拒絕去檢查，刻意不治療，並預言「我隨時都會死」，製造可憫形象藉此勒索孩子聽自己的話，二十年後母親在某種機緣下去檢查果眞到了乳癌末期，酷妹一點都不意外，彷彿這些年來一直在等這個答案出現。

她知道母親困在關係中太久了，而她如果不想被困住、不想生病的話就必須自救。當已經花那麼多年理解了關係困境，接下來就是訓練自己如何面對，而且進度會快許多。

還有難得已經晤談達兩年的個案進修姊，處理的正是盤根糾結的關係癌，除了原生家庭缺乏溫暖，以及單親生活的困頓外，她對人的基本信任不足也影響原本貧乏的人際關係，雖然因爲到處上課而交了一些朋友，不過她不知道該不該相信他們。

這些年來進修姊靠著不斷參加各種便宜的公營講座或大學免費的諮商工作坊課程，用知識來找尋答案與力量。因爲她的緣故我才知道，只要有心去找，社會相關資源眞的很豐富，而且可以不花錢。

兩年多來我們談了許多事，過去的她過度涉入父母的關係問題，也拖垮了自己的情緒。父親長期對母親暴力相向，母親積怨多年造成性情大變，恐怕也有精神症狀了，而進修姊成長於病態的家，早年身受其害，成年之後還要回過頭來看顧年邁的父母，常常力有未逮也常想逃。

漸漸地，她開始這樣想。

「他們夫妻的問題應該自己去解決，我哪有辦法？以前我被他們拖下水，什麼事情都要找我，現在，哼，我才不要管。我爸現在會跟我抱怨我媽對他兇，我媽這幾年的確對他很兇，甚至會在公車上直接吼他。不過我覺得我爸也活該，誰叫他年輕的時候打我媽，還打那麼兇！」

「我還記得小學的時候我媽被他追打的畫面，那是從巷子頭打到巷子尾，打得我媽整個人趺趴在巷子裡好難看。他故意打給鄰居看的，我也不能怎麼樣，我那時也會被我爸打啊……。直到最近幾年我爸才不打她，想是因爲年紀大，打不動了，也需要我媽照顧，不敢打了。」

「你說，我媽怎麼可能不恨他？後來大約是念高中的時候我媽就漸漸瘋了，有時候我媽會突然的抓狂，大吼大叫，對我爸無預警的暴怒、吼他，這也是我很想趕快離家，沒把前夫看清楚就嫁了的原因。後來想想，我媽被逼出精神病一點都不奇怪。更可怕的是，她連性格也變了，會在大弟面前抱怨我、在我面前抱怨大弟，然後在二弟面前說我跟小弟借多少錢……，其實通通是莫須有的事，但已經讓我們這幾個姊弟好幾年都因爲她背後亂說話而感情不好，等到了解眞相時她會辯說時間太久忘記了。」

跟這樣的母親互動太累，身心俱疲，她既可憐、又可恨，但可憐與可恨到底是如何雞生蛋、蛋生雞，實在已不可考，對母親的心情該如何收拾與面對。

「我現在只管把我自己顧好，我顧不了我媽，她的問題是她老公造成的，他們自己去解決，這些年來他們把我幾個弟弟寵到不知感恩，一個跑得比一個遠，我大弟人在美國，說什麼要買房子孝敬他們，孝敬個鬼！說了好幾年了連房子的影子都沒有，要是眞的混得很好還需要用嘴巴說嗎？我媽還信以爲眞，等了幾年沒等到房子，跑來跟我這個離婚沒錢又帶兩個小孩的女人訴苦有什麼用，我要是跟她一起認眞我就輸了。」

進修姊藉由心理晤談的機會更清楚自己，我做的事情就是在旁邊協助她重新畫出關係的遠近線。早已把她吸乾的原生家庭，讓她不想理會母親的決絕心情戰勝了不看顧母親的罪惡感。她可以做到每個月帶父母參加一到兩次遊覽車的一日遊（因爲那種純車遊行程便宜，兩、三百塊她還出得起），陪伴父母外出走走讓他們心情稍好，但如果平日接到母親又企圖打來說些挑撥家人的閒話，她就會毫不留情的掛斷。

上述提到的故事對象陳大姐是本書最老的女兒，她的母親已經到了漸漸需要照顧的程度，雖然還能行動但體力衰退，近期要搬家偏偏又跌傷，於是陳大姐與另外兩個姐妹輪流來幫忙。

第一棒是大妹，因爲她住得比較近，沒想到大妹才去就受不了有強迫傾向的母親的碎念，不按其意思打包裝箱就惡言相向，於是大妹打了個電話給陳大姐後就走了。陳大姐接著來母親家，母親餘怒未消，繼續對著陳大姐抱怨不斷，於是陳大姐採取的策略是清楚告訴母親：「如果妳繼續抱怨那我也要走。」但母親仍不停歇，於是兩個小時後她也離開，離開前打了個電話給小妹，跟小妹說，「我們都受不了了，換妳吧。」

結果小妹來了之後，母親果然不敢再抱怨，終於閉上嘴巴了。「我因爲是她女兒所以做了這些，但做這些絕不是因爲愛，如果她想試圖操控我，我一定會頭也不回的離開。」

一個曾被母親深深傷害的女兒這樣說，「我真的無法接近她，這樣的距離就好，再近的話，我真的沒辦法。」這段話道出了多少女兒的心中的想望。

在第十七章出現的高教授常常告訴自己，暫且保持目前這樣兩不相見的狀況，母親沒打來就是沒事，沒事的話就不要聯絡，有事再說。她心裡清楚，未來的母親只會變得又病又老，這是不可避免的人生階段，再怎麼百般不願意，有一天必定會見到必須照顧的母親，到那個時候母親已無力再導團圓的戲碼，也許那時已躺床或失智的母親會變得比較可愛。

有太多太多從中學到必須保護自己的經驗，與其說學會如何當女兒，不如說學會當個完整的、有自己意志的人。

【後記】

不容小覷的關係

看到這裡，如果你覺得母女關係問題雖然是個問題，但亦不過是眾多壓力問題之一，生活中似乎有更多、也許更迫切的問題比母女（子）關係更重要，那我得在書的最後再告訴你兩個小故事，讓你再次理解那無處不在的影響力甚至破壞力。

被點燃的母女地雷

話說有天早上起床後按照慣例打開手機，收發臉書訊息，看到某位在寫作專業上我很尊敬的前輩，寫了一則看了小川糸著作《蝸牛食堂》的心得，簡短的說道自己看完的感覺「很激動」、「哭得很慘」。

雖然這朋友沒說哭點在哪，但那本書的導讀中說：「表面上這是一個料理小說，但實際上透過這間餐廳與料理，眞正處理的是一個龐大的主題：『母與女』、『生與死』和『自我與他人』的種種對照關係……」，對我來說，這本書就是藉著料理來整理母女關係的書，如此理解應是不會錯的，加上先前這朋友自己在臉書曾經鉅細靡遺地憶起童年時與母親相處的傷痛經驗，包括母親不當的責打她，字字眼淚讓我印象深刻，所以我順手寫了一段話：「這踩到妳母女關係的地雷了吧。」

不說則已，一說馬上引來排山倒海的責難。她很快發了訊給我，指責我「自以爲是」、「白目」等等。我既納悶又不快，不知哪裡惹到她，很想澄清發生了啥事？她認爲我「自以爲是」的「分析」她了，所以嚴重感覺被冒犯，我不該自作聰明的扮專家來解讀她等等。

我眞是百口莫辯：這不是我的分析而是妳自己說的啊，如果我的心理師身分讓對方有「被分析」的感覺，那不該是我的錯，我不該爲這個職稱道歉，既然加入臉書朋友就一定會知道我的身分，工作與生活不是那麼容易切割的，並非下班後大腦就可以自動關機，不再保持人心敏感度，而且我本就無意分析她人，只是表達我的感受，我慎重的跟她解釋，但暴跳如雷的她哪裡聽得進去？於是我只得無奈的說：「若妳覺得不舒服，妳就刪了我吧。」而她也老實不客氣的把我自朋友名單中刪除，順便把我們的共同朋友也刪了。

當時才早上不到八點，我的心情猶如被打了一記悶棍，連辯解的機會都沒有，嘔得要命，只得在臉書寫上一則短文抒發，大致說了剛剛的遭遇，並寫下「心理師的職稱到底是加分還是減分？自覺不想被『分析』的人請早早出列，或者乾脆刪了我，不要變成朋友之後再來批評這個朋友的特色……。」

顯然臉書也有取暖的功用，在周末的大清早仍有不少臉友給我安慰與鼓勵：

「這是職業原罪，不是你的錯，當你留言的時候以為自己是朋友身份，但朋友卻會覺得你用心理師的態度。就是這樣嘍，放寬心吧。」

「其實很多人情緒不穩定，我也常常暴走啊～」

「我的解讀是那個人在投射，而且把對媽媽的憤怒投射在心理師的角色上，即使你不是他的治療師，可是因爲你的職稱也被他投射了！」

幾個心理師朋友皆有同感：她突如其來的暴怒是情感上的投射，正因爲這是她最脆弱的部分，未被好好處理的、壓抑多年的心情，自覺被我挑起後就一股腦全倒了出來，爲了保護自尊而轉成言語上的攻擊。可是，這一切的一切我都無法再多說什麼，因爲我該死的分析了朋友啊。

大病之後選擇放下

上述事情才發生未果，當時是上午八點多，九點剛好有個乳癌病友會的心靈團體要帶領，雖然心情不爽也只能稍加整頓一下，還好這個團體對我來說是親切的，因爲自己亦是乳癌病友的身分，讓我與這群姊妹不只是老師與學生的關係了，還包括病友間的革命情感。

課程從分享自己的生病經驗開始，稍早發生的鳥事已漸漸被我拋到腦外。然後我開始分組，讓姐妹們有機會彼此分享，並在最後派代表出來總結。輪到第三組報告的題目「今後我想過的生活是——」時，代表第三組的是年約五十多歲、長相圓潤的大姐，看起來大方的她一接到麥克風變得結結巴巴，她說：「我想我以後的生活是，再也不要在乎媽媽的想法了，我要活出自己，我要爲自己而活！」

望著大家驚愕的表情，她進一步補充道：「我媽也是病人，我五十歲以前都在照顧她，但她心裡只有姐姐一個人，什麼東西都給她，什麼事情都只想到她，我姐姐人在加拿大，也結婚了，婚姻也很好，可是我媽寧可把財產給她……。」

我聽了心裡很是震撼：又是一個受傷女兒的故事。雖然很想仔細聽，如果能有機會聽她好好說，我想對於其他病友或她自己，都是很好的機會，但每組只有短短幾分鐘的時間，很怕接下來會陷入她冗長爭產過程的自白，而且快十二點了，大家都在等待接下來美味的餐食。她似乎也了解時間不多，開始講得很急切，既怕耽誤其他姊妹的時間，又怕自己想說的說不完整。還好我們全都靜默下來，在她激動的聲音中理解她的苦楚。

「後來我也生病了，我媽並沒有因爲我生病而改變，我什麼都爲了她，幫她做了那麼多，看醫生、陪著住院什麼的，到現在還是一個人，而她根本看不見我的辛苦，心裡還是只記掛著國外的姐姐。我知道她是不會改變了，所以我看清楚了，看開了，我選擇『放下』，我什麼都不要了，不去計較，我自由了。」

語才畢，大家馬上給予最熱烈的掌聲，她也因爲傾吐多年委屈而顯得略激動，久久不能平復。當我課後要離開，經過她身邊時輕拍了她的肩膀，對著她微笑，而她像個期待被稱讚的孩子對著我說，「老師，我表現得還好嗎？我這樣講可以嗎？」

以上這些，都是某個平凡星期六的早晨所發生的，而那天也只是我平凡日子裡的其中一天。我哪裡會知道，短短一個早上，「母女關係」竟會讓我的心情如坐雲霄飛車？

所以，母女關係的影響實在是既深且遠啊。

橡樹林文化 ❖❖ 衆生系列 ❖❖ 書目

JP0001	大寶法王傳奇	何謹◎著	200 元
JP0002X	當和尚遇到鑽石（增訂版）	麥可・羅區格西◎著	360 元
JP0003X	尋找上師	陳念萱◎著	200 元
JP0004	祈福 DIY	蔡春娉◎著	250 元
JP0006	遇見巴伽活佛	溫普林◎著	280 元
JP0009	當吉他手遇見禪	菲利浦・利夫・須藤◎著	220 元
JP0010	當牛仔褲遇見佛陀	蘇密・隆敦◎著	250 元
JP0011	心念的賽局	約瑟夫・帕蘭特◎著	250 元
JP0012	佛陀的女兒	艾美・史密特◎著	220 元
JP0013	師父笑呵呵	麻生佳花◎著	220 元
JP0014	菜鳥沙彌變高僧	盛宗永興◎著	220 元
JP0015	不要綁架自己	雪倫・薩爾茲堡◎著	240 元
JP0016	佛法帶著走	佛朗茲・梅蓋弗◎著	220 元
JP0018C	西藏心瑜伽	麥可・羅區格西◎著	250 元
JP0019	五智喇嘛彌伴傳奇	亞歷珊卓・大衛一尼爾◎著	280 元
JP0020	禪　兩刃相交	林谷芳◎著	260 元
JP0021	正念瑜伽	法蘭克・裘德・巴奇歐◎著	399 元
JP0022	原諒的禪修	傑克・康菲爾德◎著	250 元
JP0023	佛經語言初探	竺家寧◎著	280 元
JP0024	達賴喇嘛禪思 365	達賴喇嘛◎著	330 元
JP0025	佛教一本通	蓋瑞・賈許◎著	499 元
JP0026	星際大戰・佛部曲	馬修・波特林◎著	250 元
JP0027	全然接受這樣的我	塔拉・布萊克◎著	330 元
JP0028	寫給媽媽的佛法書	莎拉・娜塔莉◎著	300 元
JP0029	史上最大佛教護法一阿育王傳	德干汪莫◎著	230 元
JP0030	我想知道什麼是佛法	圖丹・卻淮◎著	280 元
JP0031	優雅的離去	蘇希拉・布萊克曼◎著	240 元
JP0032	另一種關係	滿亞法師◎著	250 元
JP0033	當禪師變成企業主	馬可・雷瑟◎著	320 元
JP0034	智慧 81	偉恩・戴爾博士◎著	380 元
JP0035	覺悟之眼看起落人生	金菩提禪師◎著	260 元
JP0036	貓咪塔羅算自己	陳念萱◎著	520 元
JP0037	聲音的治療力量	詹姆斯・唐傑婁◎著	280 元
JP0038	手術刀與靈魂	艾倫・翰彌頓◎著	320 元
JP0039	作為上師的妻子	黛安娜・J・木克坡◎著	450 元

JP0040	狐狸與白兔道晚安之處	庫特・約斯特勒◎著	280 元
JP0041	從心靈到細胞的療癒	喬思・慧麗・赫克◎著	260 元
JP0042	27% 的獲利奇蹟	蓋瑞・賀許伯格◎著	320 元
JP0043	你用對專注力了嗎？	萊斯・斐米博士◎著	280 元
JP0044	我心是金佛	大行大禪師◎著	280 元
JP0045	當和尚遇到鑽石 2	麥可・羅區格西◎等著	280 元
JP0046	雪域求法記	邢肅芝（洛桑珍珠）◎口述	420 元
JP0047	你的心是否也住著一隻黑狗？	馬修・約翰史東◎著	260 元
JP0048	西藏禪修書	克莉絲蒂・麥娜麗喇嘛◎著	300 元
JP0049	西藏心瑜伽 2	克莉絲蒂・麥娜麗喇嘛◎等著	300 元
JP0050	創作，是心靈療癒的旅程	茱莉亞・卡麥隆◎著	350 元
JP0051	擁抱黑狗	馬修・約翰史東◎著	280 元
JP0052	還在找藉口嗎？	偉恩・戴爾博士◎著	320 元
JP0053	愛情的吸引力法則	艾莉兒・福特◎著	280 元
JP0054	幸福的雪域宅男	原人◎著	350 元
JP0055	貓馬麻	阿義◎著	350 元
JP0056	看不見的人	中沢新一◎著	300 元
JP0057	內觀瑜伽	莎拉・鮑爾斯◎著	380 元
JP0058	29 個禮物	卡蜜・沃克◎著	300 元
JP0059	花仙療癒占卜卡	張元貞◎著	799 元
JP0060	與靈共存	詹姆斯・范普拉◎著	300 元
JP0061	我的巧克力人生	吳佩容◎著	300 元
JP0062	這樣玩，讓孩子更專注、更靈性	蘇珊・凱瑟・葛凌蘭◎著	350 元
JP0063	達賴喇嘛送給父母的幸福教養書	安娜・芭蓓蔻爾・史蒂文・李斯◎著	280 元
JP0064	我還沒準備說再見	布蕾克・諾爾&帕蜜拉・D・布萊爾◎著	380 元
JP0065	記憶人人 hold 得住	喬許・佛爾◎著	360 元
JP0066	菩曼仁波切	林建成◎著	320 元
JP0067	下面那裡怎麼了？	莉莎・瑞金◎著	400 元
JP0068	極密聖境・仰桑貝瑪貴	邱常梵◎著	450 元
JP0069	停心	釋心道◎著	380 元
JP0070	聞盡	釋心道◎著	380 元
JP0071	如果你對現況感到倦怠……	威廉・懷克羅◎著	300 元
JP0072	希望之翼： 倖存的奇蹟，以及雨林與我的故事	茱莉安・柯普科◎著	380 元
JP0073	我的人生療癒旅程	鄧嚴◎著	260 元
JP0074	因果，怎麼一回事？	釋見介◎著	240 元
JP0075	皮克斯動畫師之紙上動畫《羅摩衍那》	桑傑・帕特爾◎著	720 元
JP0076	寫，就對了！	茱莉亞・卡麥隆◎著	380 元

JP0077	願力的財富	釋心道◎著	380 元
JP0078	當佛陀走進酒吧	羅卓・林茲勒◎著	350 元
JP0079	人聲，奇蹟的治癒力	伊凡・德・布奧恩◎著	380 元
JP0080	當和尚遇到鑽石 3	麥可・羅區格西◎著	400 元
JP0081	AKASH 阿喀許靜心 100	AKASH 阿喀許◎著	400 元
JP0082	世上是不是有神仙：生命與疾病的真相	樊馨蔓◎著	300 元
JP0083	生命不僅僅如此—辟穀記（上）	樊馨蔓◎著	320 元
JP0084	生命可以如此—辟穀記（下）	樊馨蔓◎著	420 元
JP0085	讓情緒自由	茱迪斯・歐洛芙◎著	420 元
JP0086	別癌無恙	李九如◎著	360 元
JP0087	甚麼樣的業力輪迴，造就現在的你	芭芭拉・馬丁&狄米崔・莫瑞提斯◎著	420 元
JP0088	我也有聰明數學腦：15 堂課激發被隱藏的競爭力	盧采嫻◎著	280 元
JP0089	與動物朋友心傳心	羅西娜・瑪利亞・阿爾克蒂◎著	320 元
JP0090	法國清新舒壓著色畫 50：繽紛花園	伊莎貝爾・熱志－梅納&紀絲蘭・史朵哈&克萊兒・摩荷爾－法帝歐◎著	350 元
JP0091	法國清新舒壓著色畫 50：療癒曼陀羅	伊莎貝爾・熱志－梅納&紀絲蘭・史朵哈&克萊兒・摩荷爾－法帝歐◎著	350 元
JP0092	風是我的母親	熊心、茉莉・拉肯◎著	350 元
JP0093	法國清新舒壓著色畫 50：幸福懷舊	伊莎貝爾・熱志－梅納&紀絲蘭・史朵哈&克萊兒・摩荷爾－法帝歐◎著	350 元
JP0094	走過倉央嘉措的傳奇：尋訪六世達賴喇嘛的童年和晚年，解開情詩活佛的生死之謎	邱常梵◎著	450 元
JP0095	【當和尚遇到鑽石 4】愛的業力法則：西藏的古老智慧，讓愛情心想事成	麥可・羅區格西◎著	450 元
JP0096	媽媽的公主病：活在母親陰影中的女兒，如何走出自我？	凱莉爾・麥克布萊德博士◎著	380 元
JP0097	法國清新舒壓著色畫 50：璀璨伊斯蘭	伊莎貝爾・熱志－梅納&紀絲蘭・史朵哈&克萊兒・摩荷爾－法帝歐◎著	350 元
JP0098	最美好的都在此刻：53 個創意、幽默、找回微笑生活的正念練習	珍・邱禪・貝斯醫生◎著	350 元
JP0099	愛，從呼吸開始吧！回到當下、讓心輕安的禪修之道	釋果峻◎著	300 元
JP0100	能量曼陀羅：彩繪內在寧靜小宇宙	保羅・霍伊斯坦、狄蒂・羅恩◎著	380 元
JP0101	爸媽何必太正經！幽默溝通，讓孩子正向、積極、有力量	南琦◎著	300 元
JP0102	舍利子，是甚麼？	洪宏◎著	320 元
JP0103	我隨上師轉山：蓮師聖地溯源朝聖	邱常梵◎著	460 元
JP0104	光之手：人體能量場療癒全書	芭芭拉・安・布藍能◎著	899 元

JP0105	在悲傷中還有光： 失去珍愛的人事物，找回重新聯結的希望	尾角光美◎著	300 元
JP0106	法國清新舒壓著色畫 45：海底嘉年華	小姐們◎著	360 元
JP0108	用「自主學習」來翻轉教育！ 沒有課表、沒有分數的瑟谷學校	丹尼爾・格林伯格◎著	300 元
JP0109	Soppy 愛賴在一起	菲莉帕・賴斯◎著	300 元
JP0110	我嫁到不丹的幸福生活：一段愛與冒險的故事	琳達・黎明◎著	350 元
JP0111	TTouch® 神奇的毛小孩按摩術——狗狗篇	琳達・泰林頓瓊斯博士◎著	320 元
JP0112	戀瑜伽・愛素食：覺醒，從愛與不傷害開始	莎朗・嘉儂◎著	320 元
JP0113	TTouch® 神奇的毛小孩按摩術——貓貓篇	琳達・泰林頓瓊斯博士◎著	320 元
JP0114	給禪修者與久坐者的痠痛舒緩瑜伽	琴恩・厄爾邦◎著	380 元
JP0115	純植物・全食物：超過百道零壓力蔬食食譜， 找回美好食物真滋味，心情、氣色閃亮亮	安潔拉・立頓◎著	680 元
JP0116	一碗粥的修行： 從禪宗的飲食精神，體悟生命智慧的豐盛美好	吉村昇洋◎著	300 元
JP0117	綻放如花——巴哈花精靈性成長的教導	史岱方・波爾◎著	380 元
JP0118	貓星人的華麗狂想	馬喬・莎娜◎著	350 元
JP0119	直面生死的告白—— 一位曹洞宗禪師的出家緣由與說法	南直哉◎著	350 元
JP0120	OPEN MIND！房樹人繪畫心理學	一沙◎著	300 元
JP0121	不安的智慧	艾倫・W・沃茨◎著	280 元
JP0122	寫給媽媽的佛法書： 不煩不憂照顧好自己與孩子	莎拉・娜塔莉◎著	320 元
JP0123	當和尚遇到鑽石 5：修行者的祕密花園	麥可・羅區格西◎著	320 元
JP0124	貓熊好療癒：這些年我們一起追的圓仔 ~~ 頭號「圓粉」私密日記大公開！	周咪咪◎著	340 元
JP0125	用血清素與眼淚消解壓力	有田秀穗◎著	300 元
JP0126	當勵志不再有效	金木水◎著	320 元
JP0127	特殊兒童瑜伽	索妮亞・蘇瑪◎著	380 元
JP0128	108 大拜式	JOYCE（翁憶珍）◎著	380 元
JP0129	修道士與商人的傳奇故事： 經商中的每件事都是神聖之事	特里・費爾伯◎著	320 元
JP0130	靈氣實用手位法—— 西式靈氣系統創始者林忠次郎的療癒技術	林忠次郎、山口忠夫、 法蘭克・阿加伐・彼得◎著	450 元
JP0131	你所不知道的養生迷思——治其病要先明其 因，破解那些你還在信以為真的健康偏見！	曾培傑、陳創濤◎著	450 元
JP0132	貓僧人：有什麼好煩惱的喵～	御誕生寺（ごたんじょうじ）◎著	320 元
JP0133	昆達里尼瑜伽——永恆的力量之流	莎克蒂・帕瓦・考爾・卡爾薩◎著	599 元

JP0134	尋找第二佛陀・良美大師──探訪西藏象雄文化之旅	寧艷娟◎著	450 元
JP0135	聲音的治療力量：修復身心健康的咒語、唱誦與種子音	詹姆斯・唐傑婁◎著	300 元
JP0136	一大事因緣：韓國頂峰無無禪師的不二慈悲與智慧開示（特別收錄禪師台灣行腳對談）	頂峰無無禪師、天真法師、玄玄法師◎著	380 元
JP0137	運勢決定人生──執業 50 年、見識上萬客戶資深律師告訴你翻轉命運的智慧心法	西中　務◎著	350 元
JP0138	心靈花園：祝福、療癒、能量──七十二幅滋養靈性的神聖藝術	費絲・諾頓◎著	450 元
JP0139	我還記得前世	凱西・伯德◎著	360 元
JP0140	我走過一趟地獄	山姆・博秋茲◎著 貝瑪・南卓・泰耶◎繪	699 元
JP0141	寇斯的修行故事	莉迪・布格◎著	300 元
JP0142	全然接受這樣的我：18 個放下憂慮的禪修練習	塔拉・布萊克◎著	360 元
JP0143	如果用心去愛，必然經歷悲傷	喬安・凱恰托蕊◎著	380 元
JP0144	媽媽的公主病：活在母親陰影中的女兒，如何走出自我？	凱莉爾・麥克布萊德博士◎著	380 元
JP0145	創作，是心靈療癒的旅程	茱莉亞・卡麥隆◎著	380 元
JP0146	一行禪師　與孩子一起做的正念練習：灌溉生命的智慧種子	一行禪師◎著	450 元
JP0147	達賴喇嘛的御醫，告訴你治病在心的藏醫學智慧	益西・東登◎著	380 元
JP0148	39 本戶口名簿：從「命運」到「運命」・用生命彩筆畫出不凡人生	謝秀英◎著	320 元
JP0149	禪心禪意	釋果峻◎著	300 元
JP0150	當孩子長大卻不「成人」……接受孩子不如期望的事實、放下身為父母的自責與內疚，重拾自己的中老後人生！	珍・亞當斯博士◎著	380 元
JP0151	不只小確幸，還要小確「善」！每天做一點點好事，溫暖別人，更為自己帶來 365 天全年無休的好運！	奧莉・瓦巴◎著	460 元
JP0154	祖先療癒：連結先人的愛與智慧，解決個人、家庭的生命困境，活出無數世代的美好富足！	丹尼爾・佛爾◎著	550 元

橡樹林文化 ❖❖ 成就者傳紀系列 ❖❖ 書目

JS0001	惹瓊巴傳	堪千創古仁波切◎著	260 元
JS0002	曼達拉娃佛母傳	喇嘛卻南、桑傑・康卓◎英譯	350 元
JS0003	伊喜・措嘉佛母傳	嘉華・蔣秋、南開・寧波◎伏藏書錄	400 元
JS0004	無畏金剛智光：怙主敦珠仁波切的生平與傳奇	堪布才旺・董嘉仁波切◎著	400 元
JS0005	珍稀寶庫——薩迦總巴創派宗師貢嘎南嘉傳	嘉敦・強秋旺嘉◎著	350 元
JS0006	帝洛巴傳	堪千創古仁波切◎著	260 元
JS0007	南懷瑾的最後 100 天	王國平◎著	380 元
JS0008	偉大的不丹傳奇・五大伏藏王之一 貝瑪林巴之生平與伏藏教法	貝瑪林巴◎取藏	450 元
JS0009	噶舉三祖師：馬爾巴傳	堪千創古仁波切◎著	300 元
JS0010	噶舉三祖師：密勒日巴傳	堪千創古仁波切◎著	280 元
JS0011	噶舉三祖師：岡波巴傳	堪千創古仁波切◎著	280 元
JS0012	法界遍智全知法王——龍欽巴傳	蔣巴・麥堪哲・史都爾◎著	380 元
JS0013	藏傳佛法最受歡迎的聖者—— 瘋聖竹巴袞列傳奇生平與道歌	格西札浦根敦仁欽◎藏文彙編	380 元
JS0014	大成就者傳奇：54 位密續大師的悟道故事	凱斯・道曼◎英譯	500 元

橡樹林文化 ❖❖ 蓮師文集系列 ❖❖ 書目

JA0001	空行法教	伊喜・措嘉佛母輯錄付藏	260 元
JA0002	蓮師傳	伊喜・措嘉記錄撰寫	380 元
JA0003	蓮師心要建言	艾瑞克・貝瑪・昆桑◎藏譯英	350 元
JA0004	白蓮花	蔣貢米龐仁波切◎著	260 元
JA0005	松嶺寶藏	蓮花生大士◎著	330 元
JA0006	自然解脫	蓮花生大士◎著	400 元
JA0007/8	智慧之光 1/2	根本文◎蓮花生大士／釋論◎蔣貢・康楚	799 元
JA0009	障礙遍除：蓮師心要修持	蓮花生大士◎著	450 元

眾生系列　JP0155

母愛的傷也有痊癒力量——
說出台灣女兒們的心裡話，讓母女關係可以有解！

作　　　者／南琦
責 任 編 輯／游璧如
業　　　務／顏宏紋

總　編　輯／張嘉芳
出　　　版／橡樹林文化
城邦文化事業股份有限公司
104 台北市民生東路二段 141 號 5 樓
電話：(02)2500-7696　傳真：(02)2500-1951
發　　　行／英屬蓋曼群島商家庭傳媒股份有限公司城邦分公司
104 台北市中山區民生東路二段 141 號 2 樓
客服服務專線：(02)25007718；25001991
24 小時傳真專線：(02)25001990；25001991
服務時間：週一至週五上午 09:30 ～ 12:00；下午 13:30 ～ 17:00
劃撥帳號：19863813　戶名：書虫股份有限公司
讀者服務信箱：service@readingclub.com.tw
香港發行所／城邦（香港）出版集團有限公司
香港灣仔駱克道 193 號東超商業中心 1 樓
電話：(852)25086231　傳真：(852)25789337
Email: hkcite@biznetvigator.com
馬新發行所／城邦（馬新）出版集團【Cité (M) Sdn.Bhd. (458372 U)】
41, Jalan Radin Anum, Bandar Baru Sri Petaling,
57000 Kuala Lumpur, Malaysia.
電話：(603) 90578822　傳真：(603) 90576622
Email：cite@cite.com.my

內頁排版／歐陽碧智
封面設計／周家瑤
印　　刷／韋懋實業有限公司

初版一刷／ 2019 年 4 月
ISBN ／ 978-986-5613-91-4
定價／ 350 元

城邦讀書花園
www.cite.com.tw

版權所有・翻印必究（Printed in Taiwan）
缺頁或破損請寄回更換

國家圖書館出版品預行編目（CIP）資料

母愛的傷也有痊癒力量——說出台灣女兒們的心裡話，讓母女關係可以有解！：南琦作. -- 初版. -- 臺北市：橡樹林文化，城邦文化出版：家庭傳媒城邦分公司發行，2019.04
面；　公分. --（眾生：JP0155）
ISBN 978-986-5613-91-4（平裝）

1. 心理創傷　2. 心理輔導　3. 母親　4. 親子關係

178.3　　108004288

廣　告　回　函
北區郵政管理局登記證
北 台 字 第 10158 號

郵資已付　免貼郵票

104 台北市中山區民生東路二段 141 號 5 樓

城邦文化事業股份有限公司
橡樹林出版事業部　收

請沿虛線剪下對折裝訂寄回，謝謝！

|橡|樹|林|

書名：母愛的傷也有痊癒力量——說出台灣女兒們的心裡話，讓母女關係可以有解！　書號：JP0155

橡樹林文化
讀者回函卡

感謝您對橡樹林出版社之支持，請將您的建議提供給我們參考與改進；請別忘了給我們一些鼓勵，我們會更加努力，出版好書與您結緣。

姓名：＿＿＿＿＿＿＿＿ □女 □男 生日：西元＿＿＿＿＿年

Email：＿＿＿＿＿＿＿＿＿＿＿＿＿＿＿＿

●您從何處知道此書？

□書店 □書訊 □書評 □報紙 □廣播 □網路 □廣告 DM

□親友介紹 □橡樹林電子報 □其他＿＿＿＿＿＿

●您以何種方式購買本書？

□誠品書店 □誠品網路書店 □金石堂書店 □金石堂網路書店

□博客來網路書店 □其他＿＿＿＿＿＿

●您希望我們未來出版哪一種主題的書？（可複選）

□佛法生活應用 □教理 □實修法門介紹 □大師開示 □大師傳記

□佛教圖解百科 □其他＿＿＿＿＿＿

●您對本書的建議：

＿＿＿＿＿＿＿＿＿＿＿＿＿＿＿＿

＿＿＿＿＿＿＿＿＿＿＿＿＿＿＿＿

＿＿＿＿＿＿＿＿＿＿＿＿＿＿＿＿

非常感謝您提供基本資料，基於行銷及客戶管理或其他合於營業登記項目或章程所定業務需要之目的，家庭傳媒集團（即英屬蓋曼群商家庭傳媒股分有限公司城邦分公司、城邦文化事業股分有限公司、書虫股分有限公司、墨刻出版股分有限公司、城邦原創股分有限公司）於本集團之營運期間及地區內，將不定期以 MAIL 訊息發送方式，利用您的個人資料於提供讀者產品相關之消費與活動訊息，如您有依照個資法第三條或其他需服務之務，得致電本公司客服。

我已經完全了解左述內容，並同意本人資料依上述範圍內使用。

＿＿＿＿＿＿＿＿＿＿（簽名）

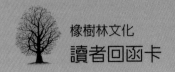